C.H.BECK  WISSEN

Von 1643 bis 1648 tagte in Münster und Osnabrück ein völlig neuartiger Friedenskongress. Es gelang, drei der vier eng miteinander verzahnten langjährigen Kriege zu beenden, was bereits von den Zeitzeugen als «Weltwunder» bezeichnet wurde. Der Westfälische Frieden besteht aus zwei komplementär aufeinander bezogenen Friedensschlüssen. Zum einen verhandelten der Kaiser, die Reichsstände und Schweden in Osnabrück das Friedensinstrument vom 6. August 1648, zum anderen der Kaiser, die Reichsstände und Frankreich in Münster das Friedensinstrument vom 24. Oktober 1648. In diesem Band wird auch der komplexe Prozess bis zum Friedensschluss geschildert, der jahrzehntelang parallel zum Dreißigjährigen Krieg verlief. Als größter Erfolg kann sicher der Religionsfrieden angesehen werden, der einen weiteren Religionskrieg im Reich verhinderte. Der Westfälische Frieden steht damit für eine deutsche Friedenstradition, die weitgehend in Vergessenheit geraten ist.

Siegrid Westphal ist seit 2004 Professorin für Geschichte der Frühen Neuzeit an der Universität Osnabrück und Direktorin des dortigen Interdisziplinären Instituts für Kulturgeschichte der Frühen Neuzeit (IKFN). Ihre Forschungsschwerpunkte sind zum einen die Geschichte des Heiligen Römischen Reiches Deutscher Nation, insbesondere die Verfassungsgeschichte und die Geschichte der höchsten Gerichtsbarkeit in vergleichender europäischer Perspektive, und zum anderen die kulturhistorische Friedensforschung. Ihre zahlreichen Publikationen befassen sich darüber hinaus mit der Reformation und der Konfessionalisierung, der Frauen- und Geschlechtergeschichte sowie der Adelsforschung und der Landesgeschichte.

Siegrid Westphal

DER WESTFÄLISCHE FRIEDEN

Verlag C.H.Beck

Mit drei Karten
(© Peter Palm, Berlin)

Originalausgabe
© Verlag C.H.Beck oHG, München 2015
Satz: Fotosatz Amann, Memmingen
Druck und Bindung: Druckerei C.H.Beck, Nördlingen
Umschlagabbildung: «Aus Münster vom 25. des Weinmonats
im Jahr 1648 abgefertigter Freud- und Friedenbringender Postreiter»,
zeitgenössisches Flugblatt mit Holzschnitt, koloriert.
© Stadtarchiv Münster
Umschlagentwurf: Uwe Göbel, München
Printed in Germany
ISBN 978 3 406 68302 2

www.beck.de

Inhalt

I. Prolog

Am 6. August 1648 war es endlich so weit. Nach rund fünf Jahre
während Verhandlungen in Münster und Osnabrück und
einer letzten Beratung der Reichsstände (Kurfürsten, Fürsten
und Reichsstädte des Heiligen Römischen Reiches Deutscher
Nation) im Friedenssaal des Osnabrücker Rathauses begaben
sich die Gesandten um zehn Uhr in das schwedische Quartier
auf die Große Domsfreiheit, wo die schwedischen und kaiserlichen Vertreter bereits warteten. Alles war entsprechend den
zeremoniellen Anforderungen der Zeit vorbereitet. Die Anord-
nung der Tische und Stühle sollte die politische Rangordnung
abbilden, gleichzeitig aber das Friedenschließen zwischen
gleichberechtigten Parteien ermöglichen.

Eine von dem Sachsen-Weimarer Gesandten Georg Achaz
Heher überlieferte Skizze gibt das Geschehen wieder. Die kaiserlichen Gesandten saßen an der Längsseite des Saales an einem
Tisch mit dem Rücken zum Fenster, links von ihnen waren die
schwedischen Gesandten platziert. Auch für die Vertreter der
Reichsstände waren eigene Tische aufgestellt worden, ebenso
für die Sekretäre und Protokollanten. Die ranghöheren Vertreter saßen auf bequemen Armsesseln, während sich die Rangnie-
deren mit Hockern ohne Rücken- und Armlehnen begnügen
mussten. Obwohl die Versammlung rund sechs Stunden dauerte, sieht man auf den Tischen nur Tintenfässer und Papier ab-
gebildet – keine Getränke oder Speisen.

Den vielfach überlieferten Schilderungen nach verlas der kaiserliche Gesandte Isaac Volmar den ausgehandelten Vertragstext bis vier Uhr nachmittags, wobei an verschiedenen Stellen
noch Änderungen vorgenommen wurden. Als alles berichtigt
war, standen die Versammelten auf. Dann erfolgte die als Osnabrücker Handschlag bekannt gewordene Besiegelung des Friedens. Die Gesandten des Kaisers und der schwedischen Krone

sowie für das Reich der kurmainzische und der kurbayerische
Vertreter «gaben einander die hand und versprachen stipulata
manu, daß hiemit der friede allerdings geschloßen und in dem
instrumento pacis lauter nichts mehr geendert werden sollte».
Damit war im «nahmen des Allerhöchsten» zwischen dem Kaiser, Schweden und dem Reich «der hocherwünschete friede» geschlossen worden, der unter dem Namen Instrumentum Pacis
Osnabrugense (IPO) in die Geschichtsbücher einging und einen
von zwei komplementären Vertragstexten des Westfälischen
Friedens bezeichnet.

Dieser erste Vertrag bildete das Resultat komplexer Aushand-
lungsprozesse, die vor allem die Reichsreligionspolitik betrafen
und mehrfach zu scheitern drohten. So war es im Juni/Juli des
Vorjahrs zu einer schweren Krise gekommen, als der kaiserliche
Legationsführer Maximilian Graf von Trauttmansdorff nach
mühsamen Verhandlungen enttäuscht aus Münster abgereist
war. Er hatte zuvor einen Friedensentwurf vorgelegt, der die
Ansprüche der Kronen Schweden und Frankreich befriedigen,
die Streitfragen innerhalb des Reiches lösen sowie den Reichs-
religionsfrieden erneuern sollte. Trauttmansdorffs Vorschläge
trafen allerdings auf massiven Widerstand, der zu seiner Abreise
beitrug. In der Folge formierte sich eine konfessionsübergreifende «Dritte Partei» gemäßigter Reichsstände, welche die Verhandlungen auf Basis seines Friedensentwurfs fortsetzte.

Als im Mai 1648 die ebenfalls in Münster verhandelnden Gesandten der niederländischen Generalstaaten und Spaniens einen
Vertrag zur Beendigung des eng mit dem Dreißigjährigen Krieg
vernetzten Achtzigjährigen Krieges (1566–1648) ratifizierten,
war die Friedensbereitschaft – angesichts des unentschiedenen
und fortgesetzten Kriegsgeschehens – auch bei den Parteien des
Dreißigjährigen Krieges sehr hoch. Die Gesandten der Dritten
Partei hatten für die mit den europäischen Kriegszielen verfloch-
tenen komplexen Fragen des Reichs unkonventionelle Lösungen
unter Umgehung der nicht kompromissbereiten Verhandlungsführer gesucht.

Damit war zwar der entscheidende Schritt für das Reich getan, allerdings stand die Verständigung zwischen dem Kaiser

und Frankreich noch aus, das größte Hindernis für einen Friedensvertrag unter allen am Dreißigjährigen Krieg beteiligten Mächten. Wieder waren es die kompromissbereiten Reichsstände, die den Kaiser zur Annahme der französischen Friedensbedingungen zwangen. Der aus dem Haus der österreichischen Habsburger stammende Kaiser Ferdinand III. hatte sich gegenüber den spanischen Habsburgern unter König Philipp IV. verpflichtet, Letztere im spanisch-französischen Krieg (1635–1659) zu unterstützen. Da sich abzeichnete, dass die ebenfalls in Münster geführten spanisch-französischen Verhandlungen zu keinem Ergebnis führen würden, war Frankreich daran gelegen, ein rechtlich verbindliches Verbot für den Kaiser und die österreichischen Habsburger zu erwirken, das Bündnis der beiden habsburgischen Linien fortzusetzen. Dieses sogenannte Assistenzverbot für Spanien stellte aus kaiserlicher Sicht einen Affront dar, aber die Reichsstände machten dem Kaiser deutlich, dass er bei einer Ablehnung im Reich isoliert sei, was drastische Konsequenzen für seine Stellung und seine Territorien haben werde. Der Kaiser lenkte schließlich ein, so dass am 24. Oktober 1648 nicht nur der Osnabrücker, sondern auch der Münstersche Friedensvertrag (Instrumentum Pacis Monasteriense, IPM) zwischen dem Kaiser, dem Reich und Frankreich unterzeichnet werden konnte.

Wie komplex und schwierig die Situation bis zuletzt war, zeigt sich am Akt der Unterzeichnung, der fast noch gescheitert wäre, sich über den gesamten Tag hinzog und getrennt im jeweiligen Haus des Vertragspartners stattfand. Erst am Abend gegen neun Uhr erschienen die Legationssekretäre mit den Friedensinstrumenten im Bischofshof am Domplatz. Dieser Moment wurde mit dreimaligem Salutschießen der rund siebzig Kanonen auf den Wällen und mit dem Läuten aller Glocken in der Stadt begrüßt und gefeiert. Auch am darauffolgenden Tag zeigten Dankgottesdienste und ein Umritt mit Pauken und Trompeten der Bevölkerung den ersehnten Frieden an. Zum Symbol des Friedens avancierte schließlich die Figur des Postreiters, der aller Welt verkünden sollte, dass der so lange dauernde Krieg nun endlich beendet ist.

Dass ein Großteil der miteinander verwobenen Konflikte –
Krise der Reichsverfassung, der deutsche Konfessionskonflikt
und der europäische Mächtekonflikt zwischen dem habsburgischen Gesamthaus und seinen Gegnern – befriedet werden
konnte, galt bereits den Zeitgenossen als wahres «Weltwunder»
(Alvise Contarini) und verweist auf die außerordentliche diplomatische Leistung der Akteure.

II. Krieg und Frieden von 1618 bis 1645

1. Rahmenbedingungen und verfassungsrechtliche Voraussetzungen

Weder das Kriegsgeschehen im Dreißigjährigen Krieg noch die Friedensverhandlungen in Münster und Osnabrück lassen sich einfach erklären. Ihre Komplexität resultierte aus der engen Verflechtung von europäischen Auseinandersetzungen mit den politischen und konfessionellen Entwicklungen im Reich. So wurden parallel zum Dreißigjährigen Krieg der Achtzigjährige Krieg (1566–1648), der spanisch-französische Krieg (1635–1659), der Mantuanische Krieg (1628–1631) sowie die Konflikte im Ostseeraum, insbesondere der schwedisch-dänische Torstenssonkrieg (1643–1645) geführt, die jeweils eigene Wurzeln und Hintergründe hatten, aber aufs Engste mit dem Kriegsgeschehen im Reich vernetzt waren. Hinzu kam die stete Bedrohung durch das Osmanische Reich.

Es wurde um die Hegemonie in Europa gestritten, wobei Frankreich unter der Dynastie der Bourbonen und das Haus Habsburg miteinander um die Sicherung und Kontrolle von politischen, militärischen und wirtschaftlichen Einflusszonen, aber auch um die Frage des Rangs konkurrierten. Traditionell beanspruchte das Haus Habsburg, das die römisch-deutsche Kaiserwürde innehatte und neben Territorien des Reiches auch über Ungarn, die spanischen Königreiche (einschließlich Teilen Italiens) und überseeische Besitzungen herrschte, den Vorrang unter den europäischen Mächten. Frankreich befürchtete die Errichtung einer habsburgischen Universalmonarchie und sah die treibende Kraft in der spanischen Linie der Habsburger. Dieser Konflikt verschärfte sich im 17. Jahrhundert massiv. Beide Seiten nutzten jede Möglichkeit, die Gegenseite zu schwächen, wobei eine unmittelbare Konfrontation zunächst vermieden wurde. Kampfschauplätze waren der Achtzigjährige Krieg in den Niederlanden und in den zwanziger Jahren Italien. In den dreißiger Jahren verlagerte sich das Geschehen stärker auf das Reichsgebiet, wobei Frankreich zunächst indirekt über Subsidienzahlungen an Schweden in den Dreißigjährigen Krieg eingriff, ab 1635 den spanisch-französischen Krieg führte und dann an der Seite Schwedens am Kriegsgeschehen im Reich teilnahm.

Die europäischen Konflikte verliefen zunächst parallel zum Dreißigjährigen Krieg, überlagerten dann aber zunehmend den im Reich kriegsauslösenden Grundkonflikt von konfessionellen Spannungen und der klassischen verfassungsrechtlichen Auseinandersetzung zwischen Kaiser und Reichsständen über die Vorherrschaft im Reich.

Diese Entwicklung wird in der Geschichtsschreibung über den Dreißigjährigen Krieg häufig in vier Phasen unterteilt, die sich am jeweiligen Kriegsgegner der kaiserlichen Seite orientieren: Auf den böhmisch-pfälzischen Krieg (1618–1623) folgt der niedersächsisch-dänische Krieg (1623–1629), dann der schwedische Krieg (1630–1634) und schließlich der französisch-schwedische Krieg (1635–1648), der auch während der ab 1643 geführten Friedensverhandlungen von Münster und Osnabrück andauerte. Das Vier-Phasen-Modell gibt dem Kriegsgeschehen zwar eine Struktur, suggeriert aber auch, dass von 1618 an ununterbrochen Krieg geführt wurde, der sich von einem deutschen immer mehr zu einem europäischen Krieg entwickelte und schließlich nur noch durch einen Friedenskongress im europäischen Rahmen gezähmt werden konnte. Damit wird der Krieg als Normalzustand definiert. In eine ähnliche Richtung zielt auch die Bezeichnung des 17. Jahrhunderts als «bellizitäres Zeitalter» (Johannes Burkhardt). Träfe dies uneingeschränkt zu, könnte kaum nachvollzogen werden, dass es nach über dreißig Jahren schlimmster Kriegsgräuel möglich war, Frieden zu schließen. Um diese auch für die Zeitgenossen schon bemerkenswerte Tatsache nachvollziehen zu können, muss die Fixierung auf die Kriegsgeschichtsschreibung korrigiert werden.

Nicht der Krieg, sondern Friede im Sinne des prinzipiellen christlichen Friedensgebotes galt als Grundnorm des zwischenstaatlichen Verhältnisses in Europa und als umfassendes innerstaatliches Ordnungsmodell. Kriegsbegeisterung oder eine Verherrlichung des Krieges finden sich in der Publizistik und im politischen wie militärischen Handeln der Akteure des Dreißigjährigen Krieges deshalb nur selten. Es ging nicht darum, den Feind endgültig zu vernichten, und schon gar nicht darum, durch einen «Heiligen Krieg» die Konfessionsfrage zu lösen. Vielmehr wurde in der Kriegspropaganda immer wieder der eigene Friedenswille betont und Krieg als Mittel zum Frieden gerechtfertigt. Der Gegenseite aber wurde unterstellt, dass sie durch ihr Verhalten zur Fortsetzung des Krieges beitrage und letztlich für den Bruch des christlichen Friedensgebots verantwortlich sei. Für die Kriegsparteien war es von Bedeutung, gegenüber allen Seiten prinzipielle Friedensbereitschaft zu signalisieren und immer wieder das Gespräch mit dem Gegner zu suchen.

Ein wichtiges Ergebnis der Forschungen zum Westfälischen Frieden ist die Erkenntnis, dass Friedensverhandlungen nicht erst in Münster und Osnabrück begannen, sondern von Beginn des Krieges an auf bi- und multilateraler Ebene oder durch Vermittlung Dritter geführt wurden. Gerade in der Endphase des Krieges standen die Bemühungen um Friedensverhandlungen sogar im Vordergrund und sollten auf dem Schlachtfeld quasi erzwungen werden. Ohne diese permanente Gesprächsbereitschaft und gegenseitige Sondierung von Friedensbedingungen wäre eine Beendigung des langen und grausamen Krieges nicht möglich gewesen.

Für das Reich stand ein Modell zur Befriedung der konfessionellen und verfassungsrechtlichen Konflikte zur Verfügung, das sich lange Zeit bewährt hatte und von allen Reichsständen akzeptiert wurde. Es handelt sich um die Idee des Reiches als einer unter dem Ewigen Landfrieden vereinten Rechtsgemeinschaft, zu deren Schutz und Sicherheit seit 1495 eine Reihe von Institutionen und Mechanismen geschaffen worden war. Dieses System geriet durch die Reformation zwar in eine massive Krise, konnte aber durch Transformationen und Anpassungsleistungen vor dem Niedergang bewahrt werden. Letzten Endes wurde der Konflikt zwischen Protestanten und Katholiken im

Rahmen der 1495 geschaffenen Landfriedensordnung gelöst. Dies zeigt sich am Augsburger Religionsfrieden von 1555, der den Ewigen Landfrieden erneuerte und damit den Rechtsgarantien der Friedensordnung des Reiches unterworfen wurde. Seine große Bedeutung wird daran deutlich, dass sich auf ihn bei allen im Verlaufe des Dreißigjährigen Krieges unternommenen Versuchen der Befriedung als Maßstab berufen wurde. Umstritten war allerdings, wie er auszulegen sei. Seit 1555 hatten sich verschiedene Lesarten und eine Reihe von Folgeproblemen ergeben, für die neue Lösungen gesucht werden mussten. Dies geschah jedoch immer mit Bezug auf die fundamentalen Regelungen des Augsburger Religionsfriedens, der – unter Ausklammerung der religiösen Wahrheitsfrage – die Parität von katholischer und lutherischer Konfession verankert und eine bikonfessionelle Verfassungsstruktur des Reiches geschaffen hatte. Das hatte zur Folge, dass das Kaisertum fortan keine verbindlichen kirchenpolitischen oder kirchlichen Kompetenzen mehr besaß, was zumindest aus Sicht der gegenreformatorisch gesinnten Kaiser einer Korrektur bedurfte.

Ein Hauptproblem bestand zudem darin, dass die Anhänger der Lehre des Genfer Reformators Johannes Calvin im Reich nicht unter die Bestimmungen des Religionsfriedens fielen und um ihre Existenz bangen mussten. Nicht zuletzt deshalb zählten die calvinistischen bzw. reformierten Reichsstände zu den radikaleren Kräften im Reich, die ebenso auf eine Korrektur des Religionsfriedens, aber in ihrem Sinne drängten.

Der Augsburger Religionsfrieden hatte festgelegt, dass den Fürsten das Reformationsrecht (ius reformandi) in ihren Territorien zustehen sollte. Die geistliche Rechtsprechung war dadurch deutlich begrenzt und der Stand der konfessionellen Besitzverhältnisse auf das Jahr 1552 (Passauer Vertrag) festgelegt worden. Gleichzeitig hatte man mit dem Geistlichen Vorbehalt das Reformationsrecht in geistlichen Territorien eingeschränkt, indem man ihren Status als unveränderlich festschrieb und damit ihren Bestand schützte. Die Declaratio Ferdinandea, eine Schutzklausel für protestantische Landstände in geistlichen Territorien, fand dagegen keinen Eingang in den Religionsfrieden.

In der Folge kam es zu heftigsten Auseinandersetzungen. Denn insbesondere die Calvinisten wollten die Schutzbestimmung für die katholische Kirche nicht tolerieren und forderten mit der Parole «Freistellung» die Aufhebung des Geistlichen Vorbehalts und die freie evangelische Religionsausübung, ohne dies jedoch auch den Katholiken zugestehen zu wollen. Die konfessionellen Besitzverhältnisse hatten sich außerdem seit 1552 zunehmend in Richtung der Protestanten verschoben. Die Katholiken forderten eine enge Auslegung des Augsburger Religionsfriedens, indem alle Veränderungen seit 1552/55 wieder rückgängig gemacht werden sollten. Der Augsburger Religionsfrieden sah aber auch mit der Parität für gemischtkonfessionelle Reichsstädte und dem Auswanderungsrecht für andersgläubige Untertanen (ius emigrandi) bereits Regelungen vor, die den Weg für eine friedliche Koexistenz von Konfessionen unter dem Dach des Reichs wiesen.

2. Verlauf der Friedensprozesse

Der Augsburger Religionsfrieden war also sowohl der Ausgangspunkt von Streitigkeiten als auch Maßstab und Orientierung ihrer Befriedung. Dabei gingen diejenigen, die während des Dreißigjährigen Krieges einen Frieden für das Reich suchten, in Abhängigkeit der militärischen Konstellation ganz unterschiedlich vor. Von der einseitig katholischen Lesart über einen kaiserlich dominierten Kompromiss bis hin zu gleichberechtigt zwischen den Konfessionen und ständischen Gruppierungen ausgehandelten innovativen Ansätzen reicht das Spektrum der Entwicklung, die in die Religionsbestimmungen des Westfälischen Friedens (Art. V und VII IPO) mündete. Der Westfälische Frieden ist das Ergebnis eines langwierigen Aushandlungsprozesses mit großer Eigendynamik, bei dem unterschiedliche Vorstellungen vom Frieden aufeinanderprallten und letztlich ein Kompromiss auf der Basis älterer Friedensmodelle in Verbindung mit neuen während des Krieges entwickelten Lösungen gefunden wurde.

Eine erste Phase reicht von den gescheiterten Friedensverhandlungen in Eger (1619) bis zum Friedensschluss von Lübeck und dem kaiserlichen «Diktatfrieden» durch das Restitutionsedikt 1629. Die zweite Phase hat die Rücknahme des Restitutionsedikts zum Ziel und endet mit dem Prager Frieden von 1635. Von 1635 bis 1641 laufen parallele Bemühungen, einerseits den europäischen Konflikt zwischen den katholischen Mächten Frankreich und den beiden habsburgischen Linien durch Vermittlung des Papstes auf einem Kölner Kongress zu befrieden, andererseits auf der Basis des Prager Friedens separate Friedensschlüsse zwischen Kaiser und Reich mit Schweden und Frankreich zu erzielen, um das Reich endgültig zu befrieden. Beide Bemühungen scheiterten letztlich, aber im Zuge der Verhandlungen wurden die Rahmenbedingungen für einen allgemeinen Friedenskongress ausgehandelt, dessen Grundlagen dann im Hamburger Präliminarfrieden von 1641 festgelegt wurden. Von 1642 bis 1645 entbrannten schließlich heftige Auseinandersetzungen darüber, welche Themen verhandelt werden sollten und eng damit zusammenhängend welche Parteien auf dem Westfälischen Friedenskongress vertreten sein durften; insbesondere die sogenannte Admission der Reichsstände stand zur Disposition. Die eigentlichen Friedensverhandlungen begannen 1645, als die militärische Situation für die kaiserliche Seite nach der am 6. März 1645 verlorenen Schlacht bei Jankau keinen Spielraum mehr bot und sämtliche Reichsstände zu den Friedensverhandlungen zugelassen wurden. Die letzte Phase dauerte von der Ratifikation des Westfälischen Friedens bis zu den Beschlüssen des Nürnberger Exekutionstages (1649/50), der letzte auf dem Westfälischen Friedenskongress offengebliebene Fragen klären sollte.

1619 bis 1629

Auslöser des Krieges war der Aufstand der evangelischen böhmischen Stände gegen den aus dem Hause der österreichischen Habsburger stammenden böhmischen König Ferdinand, den späteren Kaiser Ferdinand II., der eine forcierte Rekatholisierungspolitik in den habsburgischen Territorien betrieb. Typisch für die Frühe Neuzeit überlagerten sich auch hier die politischen und konfessionellen Grundsatzfragen der Zeit, denn weder wollten die Stände Eingriffe in die konfessionellen Verhältnisse dulden noch eine stärker zentralistische Politik der österreichischen Habsburger tolerieren, die ihre Privilegien und politischen Mitspracherechte beschnitten hätte.

Nach dem Prager Fenstersturz (Defenestration) der Statthalter Ferdinands am 23. Mai 1618 wurde Kurfürst Friedrich V. von der Pfalz, ein Calvinist und Führer der protestantischen Union mit weitreichenden verwandtschaftlichen Bindungen nach England, Savoyen und in die nördlichen Niederlande, von den Ständen mehrheitlich zum böhmischen König gewählt. Ferdinand konnte Böhmen nicht aufgeben, ohne die habsburgische Stellung in Europa zu gefährden, und versicherte sich deshalb der Unterstützung der Katholischen Liga unter Führung Bayerns und der Hilfe der spanischen Verwandten.

Kursachsen versuchte zu Beginn des Jahres 1619 noch zwischen dem Kaiser und den böhmischen Ständen zu vermitteln und hatte bereits die kaiserliche Vollmacht erhalten, einen Waffenstillstand auszuhandeln und zu Verhandlungen nach Eger einzuladen, als der Habsburger Kaiser Matthias am 20. März 1619 starb und die sächsischen Verhandlungserfolge damit hinfällig wurden. Kursachsen stellte sich dann auf die kaiserliche Seite und unterstützte auch die Wahl Ferdinands zum Kaiser. Als sich selbst die protestantische Union für neutral erklärte, war das Schicksal des neuen böhmischen Königs und der aufständischen Adligen im Königreich Böhmen besiegelt. In der Schlacht am Weißen Berg am 8. November 1620 wurde die böhmische Armee vernichtend geschlagen. Friedrich V., seine Familie und der Hofstaat flohen – nachdem die Kurpfalz von den spanischen Truppen erobert worden und auch die Rückgewinnung durch Friedrich V. und seine Verbündeten gescheitert war – in die Vereinigten Provinzen der Niederlande. In Böhmen wurde ein hartes Strafgericht über die aufständischen Adligen gehalten sowie eine massive Rekatholisierung durchgeführt.

Damit hätte der Konflikt schon entschieden sein können, wenn nicht Bayern unter der Regierung Herzog Maximilians die Übertragung der Kurpfalz und der damit verbundenen Kur-

würde von der pfälzischen auf die bayerische Linie der Wittelsbacher zur Bedingung für die militärische Unterstützung des
Kaisers gemacht hätte. Im Januar 1621 wurde Friedrich V. ge-
ächtet und am 25. Februar 1623 dessen Gebiete sowie die Kurwürde auf Maximilian übertragen, was reichsrechtlich immer
umstritten blieb. Damit war zudem eine schwere Hypothek verbunden, denn nicht zuletzt die Pfalzfrage (causa palatina) stand
bis 1629 im Zentrum der Auseinandersetzungen und muss als
Motor des Kriegsgeschehens gesehen werden. Sie sollte später
zu den heftig umkämpften Streitfragen auf dem Westfälischen
Friedenskongress gehören.

Der weitere Verlauf des Krieges bis 1629 war bestimmt vom
Eingreifen König Christians IV. von Dänemark, der als Reichs-
fürst und Kreisobrist des Niedersächsischen Reichskreises eine
Rekatholisierung des Nordens infolge der Siege der kaiser-
lich-katholischen Armee unter den Feldherrn Johann Tserclaes
Graf von Tilly und Albrecht von Wallenstein fürchtete. Er und
seine Verbündeten wurden mehrfach geschlagen, so dass es 1629
zum Frieden von Lübeck kam, wo Dänemark gegen Rückerstattung aller im Krieg verlorenen Gebiete auf die künftige Einmi-
schung in die Konflikte im Reich verzichtete und seine Neutralität erklärte.

Wie sehr das Kriegsgeschehen mit den konfessionellen und
verfassungsrechtlichen Entwicklungen des Reiches seit 1555 verbunden war, zeigt sich am kaiserlichen Restitutionsedikt vom
6. März 1629, womit Ferdinand II. die katholische Lesart des
Augsburger Religionsfriedens durchsetzen wollte; ein Vorgang,
den es im Reich bis zu diesem Zeitpunkt noch nicht gegeben
hatte und der den ständischen Mitspracherechten entgegenstand.
Die konfessionellen Verhältnisse sollten auf 1552/55 zurückge-
dreht werden. Restitutionskommissionen sollten das nach 1552
entfremdete Kirchengut möglichst umgehend an die katholische
Kirche zurückführen. Der Geistliche Vorbehalt wurde als gelten-
des Recht anerkannt, die Declaratio Ferdinandea für ungültig
erklärt. Allen reichsunmittelbaren Fürsten wurde das ius reformandi zugestanden. Wer von den Untertanen nicht das Bekennt-
nis des Landesherrn annehmen wollte, durfte zur Auswanderung

gezwungen werden. Der Schutz des Religionsfriedens sollte sich nur auf die Katholiken und die Anhänger der Augsburgischen Konfession erstrecken, nicht aber auf die Reformierten, deren Lehre sich seit 1555 mehr und mehr verbreitet hatte. Das kaiserliche Edikt von 1629 sollte gerichtlich nicht angefochten werden können.

1629 bis 1635

Das vom Kaiser einseitig erlassene Edikt führte zu einem massiven Vertrauensverlust auf Seiten der Protestanten. Aber auch bei den katholischen Reichsständen weckte die Art und Weise, wie das Edikt zustande gekommen war, Misstrauen, befürchtete man doch, dass der Kaiser die Reichsverfassung einseitig zu seinen Gunsten auslegen und eine stärker zentralistisch ausgerichtete Monarchie im Reich installieren wollte.

Nicht zuletzt deshalb entwickelte sich der Regensburger Kurfürstentag von 1630 für den Kaiser zum Desaster. Die Kurfürsten zwangen den Kaiser, Wallenstein abzusetzen, weil dieser vielen Reichsfürsten – unabhängig von der Konfession – zu mächtig geworden war und das kaiserliche Ziel einer stärker zentralistischen Monarchie auf Kosten der reichsständischen politischen Mitgestaltungsrechte, der sogenannten teutschen Libertät, militärisch gestützt hatte. Der Kaiser konnte zudem nicht erreichen, dass sein Sohn Ferdinand zu seinen Lebzeiten zu seinem Nachfolger gewählt wurde. Weiterhin musste er auf Drängen der Kurfürsten gegenüber den in Regensburg anwesenden französischen Gesandten im Mantuanischen Erbfolgekrieg Zugeständnisse machen. Wie bemüht man darum war, den Erbfolgekrieg von den militärischen Auseinandersetzungen im Reich zu trennen, zeigt sich am ausgehandelten Regensburger Vertrag. Alle Truppen sollten aus Italien abgezogen werden, und der Kaiser erklärte sich bereit, den französischen Kandidaten als Herzog von Mantua anzuerkennen, wenn Frankreich wiederum zusagte, sich in Zukunft aus den Auseinandersetzungen im Reich herauszuhalten. Dieser Vertrag wurde von Frankreich nicht ratifiziert, was allen europäischen Mächten signalisierte, dass Frankreich nicht gewillt war, die militärische Überlegenheit der kaiserlich-habsburgischen Partei im Reich auf Dauer zu tolerieren.

Zudem zeichnete sich ab, dass die Versuche, die Verhältnisse im Reich durch das Restitutionsedikt im Sinne einer neuen Friedensordnung zu gestalten, ebenso scheitern mussten wie die Bemühungen, durch die Friedensschlüsse mit Dänemark und Frankreich die europäischen Konflikte an der Peripherie des Reiches von den innenpolitischen Konflikten fernzuhalten. Denn noch während in Regensburg getagt wurde, betrat im Norden mit Schweden ein neuer Akteur den Kriegsschauplatz.

Nachdem Dänemark von den kaiserlich-ligistischen Truppen geschlagen worden war und Wallenstein das Herzogtum Mecklenburg erhalten hatte sowie zum «General des Ozeanischen und Baltischen Meeres» ernannt worden war, fühlte sich Schweden in seinem Hegemonieanspruch über die Ostsee massiv bedroht. Offiziell begründete Schweden den Kriegseintritt mit der Bedrohung der eigenen Sicherheit durch den Kaiser und mit dem Schutz der «teutschen Libertät», also der politischen Rechte der Reichsstände bei der Mitgestaltung der Reichspolitik. Zudem monierte es, dass es beim Frieden von Lübeck nicht mit einbezogen worden war, obwohl doch seine Interessen im Ostseeraum berührt waren. In zahlreichen Medien ließ sich Gustav II. Adolf außerdem als Retter des Protestantismus im Reich feiern.

Beim Kriegseintritt Schwedens spielte Frankreich wieder eine Schlüsselrolle. Nachdem es Dänemark nicht hatte überzeugen können, den Krieg gegen den Kaiser mit Hilfe weiterer Subsidien fortzusetzen, kam es zum Schulterschluss mit Schweden – trotz unterschiedlicher konfessioneller Ausrichtung. Schon längst ging es nicht mehr nur um die konfessionellen und verfassungsrechtlichen Fragen, sondern der im Reich geführte Krieg wurde endgültig in die europäischen Auseinandersetzungen um die Hegemonie in Europa und im Ostseeraum hineingezogen. Im Vertrag von Bärwalde 1631 verpflichtete sich Frankreich, bis 1636 jährlich 400 000 Reichstaler für den Unterhalt der stetig wachsenden schwedischen Truppen zu zahlen. Schweden verzichtete auf jegliche Konfessionsveränderung in eroberten Territorien. Das Zusammenwirken von Frankreich und Schweden entwickelte sich zu einer Konstanten, auch in den späteren Friedensverhandlungen. Dabei erweiterte Schweden seinen Aktionsradius bis in den Süden und Südwesten des Reiches, zeitweise unterstützt von den wichtigsten protestantischen Reichsständen (Kurbrandenburg, Kursachsen, Hessen-Kassel), die sich, zum Teil gezwungenermaßen, den Schweden anschlossen.

Der Prager Frieden von 1635

Nach dem Tod Gustav II. Adolfs in der Schlacht bei Lützen 1632, den glücklosen politischen und militärischen Aktionen seines Nachfolgers Axel Oxenstierna und der verheerenden Niederlage der Schweden bei Nördlingen 1634 war die schwedische Dominanz im Reich gebrochen und die schwedischen Truppen zogen sich an die Ostseeküste zurück. Der Kurfürst von Sachsen, Johann Georg I., löste sich von den Schweden und nahm mit dem Kaiser Verhandlungen auf. Sein Ziel war es, einen Universalfrieden unter Einbeziehung der Schweden zu verhandeln.

Da von kaiserlicher Seite allerdings die Strategie verfolgt wurde, erst das Reich durch einen inneren Frieden zu einen und anschließend aus dieser Position der Stärke heraus Frankreich und Schweden zu begegnen, ohne auf ihre Forderungen eingehen zu müssen, wurden bilaterale Verhandlungen geführt. Sie mündeten zunächst in die Pirnaer Noteln, worin Kursachsen u. a. die Nieder- und Oberlausitz sowie die Administration des Bistums Magdeburg zugestanden wurden. Mit leichten Abweichungen wurde 1635 schließlich der Prager Frieden geschlossen, ein Vertrag zwischen dem Kaiser und dem sächsischen Kurfürsten, der jedoch Bestimmungen für die evangelischen Reichsstände und das gesamte Reich enthielt. Dies entsprach keinesfalls dem Reichsrecht, das als Ebene der innerreichischen Verständigung den Reichstag vorsah, aber die Ausnahmesituation des Krieges erforderte nicht nur in dieser Hinsicht kreative Lösungen.

Anders als sechs Jahre zuvor im Restitutionsedikt wurde mit dem Prager Frieden der Versuch unternommen, die Verfassungsprobleme und die konfessionelle Problematik für eine stabile Friedensordnung im Reich zu klären. Und tatsächlich, der Westfälische Frieden kann als «Kommentar und Korrektur des Prager Friedens» (Axel Gotthard) interpretiert werden. Die militärische Überlegenheit der kaiserlichen Seite wurde diesmal nicht konfessionspolitisch gewendet, sondern man klammerte die Religionsfrage aus, um – getragen von einer reichspatriotischen Grundhaltung (Georg Schmidt) – das Reich zu einen und gemeinsam die fremden Kriegsvölker aus dem Reich zu vertreiben.

Der Augsburger Religionsfrieden wurde grundsätzlich bestätigt, auf seine einseitige katholische Auslegung aber verzichtet. Mit dem sogenannten Normaljahr wurde ein völlig neues Instrument geschaffen, in dem die Forschung mittlerweile den innovativen Charakter des Friedens sieht. Für den weltlichen Bereich galt der schwedische Einfall von 1630 als Scheidepunkt. Beide Konfessionsparteien verpflichteten sich, die seit Gustav II. Adolfs Landung vorgenommenen Besitzveränderungen rückgängig zu machen. Damit war die Amnestiefrage verbunden, denn alle Reichsstände und ihre Verbündeten sollten für militärische Aktionen, die nach 1630 durchgeführt worden waren, Straffreiheit erhalten und keine Entschädigungsleistungen erbringen müssen. Ausgenommen von der Amnestie waren alle Folgen, die aus dem böhmisch-pfälzischen Krieg resultierten. Das hieß auch, dass die Verwandten des bereits verstorbenen Pfalzgrafen Friedrich V. keine Ansprüche erheben durften, da er als der Hauptverursacher des Krieges galt. Die Wiedererlangung der pfälzischen Kurwürde war damit ausgeschlossen. Eine Reihe weiterer Personen wurde von den Amnestieregelungen vorläufig ausgenommen; dazu gehörten beispielsweise der Herzog von Württemberg und andere Mitglieder des Heilbronner Bundes, jener reichsständischen Allianz, die 1633 unter schwedischer Ägide zur Restituierung der Reichsverfassung geschlossen worden war. Mit ihnen gedachte der Kaiser, sich separat zu verständigen.

In geistlichen Belangen galt das zweite Normaljahr des Prager Friedens. Der Stichtag 12. November 1627, der den kaiserlichen Vorstellungen näherlag, sollte für die konfessionellen und besitzrechtlichen Verhältnisse des Kirchenguts im Reich bindend sein, allerdings befristet auf 40 Jahre. Um das Datum wurde intensiv gerungen. Der unbedingte Friedenswille zeigt sich auch daran, dass nach Ablauf der vierzigjährigen Frist eine konfessionsparitätische Kommission über das Kirchengut neu verhandeln sollte. Falls es dabei zu keiner Einigung käme, sollte das im Prager Frieden festgelegte Normaljahr weiterhin Gültigkeit haben. Damit wurde de facto das Restitutionsedikt aufgehoben, was als großer Erfolg der sächsischen Friedensbemühungen gewertet werden kann. Ausgenommen von den konfessionellen Regelungen waren wiederum die reformierten Reichsstände, die Reichsritter und die Reichsstädte. Auch für Böhmen und die habsburgischen Erblande galten besondere Regelungen. Die kaiserliche Seite beharrte hier auf dem uneingeschränkten ius reformandi, obwohl Kursachsen vehement dagegen argumentierte und dies auch im Vertragstext dokumentieren ließ. Lediglich für die schlesischen Erblande war die kaiserliche Seite bereit, Zugeständnisse zu machen.

Damit waren die Voraussetzungen geschaffen, um gemeinsam militärisch gegen Schweden und Frankreich vorgehen zu können. Die Position des Kaisers und der Kurfürsten wurde gestärkt. Alle reichsständischen Allianzen und Bündnisse (u. a. die Katholische Liga und der Heilbronner Bund) wurden aufgelöst bzw. verboten, mit Ausnahme des Kurvereins und der Reichskreise. Die sächsischen, bayerischen und kaiserlichen Armeen sollten zu einer Reichsarmee von 80 000 Mann in zwei Truppenteilen zusammengeführt und dem alleinigen Oberbefehl des Kaisers unterstellt werden. Die Finanzierung sollte nicht durch Kontributionen, die man ausdrücklich ablehnte, sondern durch eine Steuer geschehen, die von allen aufzubringen war, die dem Vertrag beitraten. Die Verhandlungsführer schränkten auch das Gewohnheitsrecht der Reichsstände auf eigenständige Rüstungen ein. Zudem sollte der bilaterale Vertrag ohne Verabschiedung durch den Reichstag Gesetzesgeltung erhalten, wenn ihm eine Mehrheit der Reichsstände beigetreten war. Alles zusammen lief auf eine grundlegende Reorganisation des Militärwesens im Reich sowie eine stärker monarchisch geprägte Reichsverfassung hinaus, was bei den Reichsständen durchaus Bedenken weckte.

Die meisten von ihnen, die nicht ausgeschlossen worden waren, traten dem Vertrag jedoch bei. Einerseits dürfte dafür die Angst vor kaiserlichen Sanktionen eine Rolle gespielt haben, andererseits hatte der Krieg aber auch schon seine verheerende Wirkung entfaltet und vielerorts zu großer Friedenssehnsucht geführt. Auch die verbreitete reichspatriotische Stimmung dürfte zur Annahme des Prager Friedens beigetragen haben. Nur wenige Reichsstände verweigerten die Unterschrift, unter anderem die reformierte Landgrafschaft Hessen-Kassel, die mit Frankreich am 21. Oktober 1636 den Vertrag von Wesel einging, was die Verhängung der Reichsacht über Hessen-Kassel zur Folge hatte.

Der Kaiser glaubte, dass die Verfassungsprobleme des Reichs und der Konfessionskonflikt gelöst worden seien. Er setzte mit dem Prager Frieden von 1635 auf eine reichsinterne Lösung, in der Hoffnung, dass Frankreich und Schweden dem Frieden beitreten und sich aus dem Reich zurückziehen würden. Deshalb verweigerte er sich 1635 auch den Forderungen Spaniens, sich am spanisch-französischen Krieg offen zu beteiligen. Frankreich und Schweden waren zwar durchaus bereit, einen Frieden zu schließen, aber nicht auf der Grundlage des Prager Friedens, den man keineswegs als «ehrenvollen Frieden» (Christoph Kampmann) ansah.

1635 bis 1641

Die Phase bis 1641 ist einerseits durch einen immer unübersichtlicheren Kriegsverlauf und andererseits durch die Auseinandersetzung über verschiedene Friedensmodelle geprägt. Die Verhandlungen hatten die Konkretisierung der Kriegsziele und die Klärung der Rahmenbedingungen für einen Frieden zur Folge, die im Hamburger Präliminarfrieden von 1641 festgehalten wurden. Da es für die Befriedung eines Konflikts mit den Ausmaßen des Dreißigjährigen Krieges kein Vorbild gab, dauerten die Auseinandersetzungen darüber, wie der Frieden hergestellt werden sollte, letztlich länger als die eigentlichen Friedensverhandlungen in Münster und Osnabrück.

Option 1: Unter Führung des Kaisers begannen in der Folge des Prager Friedens gemeinsame Streitkräfte des Reiches (Reichsarmee) gegen die schwedischen Truppen vorzugehen. Als Schweden sogar daran dachte, sich ohne Satisfaktion aus dem Reich zurückzuziehen, griff Frankreich erneut ins Geschehen ein. Es befürchtete die Isolierung und setzte deshalb alles daran, Schweden von einem Separatfrieden mit dem Kaiser abzuhalten und stattdessen eng an sich zu binden, zumal Frankreich nun gegen Spanien in die Offensive ging. Es erklärte 1635 nicht nur Spanien den Krieg und verabredete mit den Generalstaaten einen Angriff auf die spanischen Niederlande, sondern vermittelte auch zwischen Polen und Schweden einen neuen Waffenstillstand.

Zudem schloss es 1635 mit Schweden den Vertrag von Compiègne, worin sich beide – im Unterschied zum Pariser Vertrag (1634) mit dem Heilbronner Bund – als gleichberechtigte Bündnispartner anerkannten. Ohne gegenseitige Zustimmung sollte kein Waffenstillstand oder Frieden geschlossen werden können. Diese Übereinkunft war dezidiert gegen einen möglichen Beitritt Schwedens zum Prager Frieden gerichtet. Frankreich verlangte zudem wichtige Stützpunkte im Elsass und die Sicherung des katholischen Glaubens. Als Gegenleistung erklärte es sich bereit, Truppen zu stellen und Geld zu bezahlen, um die Forderungen der schwedischen Truppen begleichen zu können. Zu einem direkten Kriegseintritt im Reich war Frankreich jedoch nicht bereit. Es wollte in den Niederlanden und in Italien gegen Spanien vorgehen. Schweden war damit nicht einverstanden und ratifizierte den Vertrag zunächst nicht, allerdings einigte man sich 1636 in Wismar auf einen Interimsvertrag, worin Schweden gegen einen Subsidienvorschuss für sechs Monate auf Friedensverhandlungen mit dem Kaiser verzichtete. Frankreich mobilisierte nun seine Verbündeten in Italien, um das unter spanischer Oberherrschaft stehende Mailand zu erobern, während Schweden durch eine Reorganisation und die französischen Subsidien seine militärische Stärke zurückgewinnen konnte und nach dem Sieg über die vereinigte Reichsarmee bei Wittstock 1636 wieder auf eine offensive Kriegführung einschwenkte. Dabei gelang es, bis weit in den mitteldeutschen Raum vorzustoßen.

Allerdings hoffte Schweden immer noch auf eine Verhandlungslösung und wollte sich nicht zu eng an Frankreich binden. Es wäre durchaus bereit gewesen, gegen eine territoriale Satisfaktion, eine angemessene finanzielle Entschädigung für die Truppen und einen Kompromiss in Bezug auf die politisch-konfessionellen Verhältnisse im Reich einen separaten Friedensvertrag mit dem Kaiser einzugehen. Verhandlungen mit dem Kaiser und Brandenburg scheiterten jedoch an den Satisfaktionsforderungen und der Frage des pommerschen Erbes, auf das sowohl Schweden als auch Brandenburg nach dem Tod des letzten pommerschen Herzogs 1637 Anspruch erhoben.

Dies bewirkte eine stärkere Annäherung zwischen Frankreich und Schweden, die durch die für beide Seiten 1637 relativ erfolglosen militärischen Aktionen befördert wurde. Nach der Ablehnung separater Friedensschlüsse auf der Basis des Prager Friedens hatte sich der Kaiser, unterstützt durch die Kurfürsten, wieder an Spanien angenähert, das weitere Subsidienzahlungen in Aussicht stellte.

Schweden und Frankreich schlossen nun im März 1638 den zunächst auf drei Jahre befristeten Hamburger Vertrag. Darin wurden Weichen für künftige Friedensverhandlungen gestellt. Nachdem die Frage der ausstehenden Subsidienzahlungen und die Höhe der Leistungen an Schweden geklärt waren, verpflichteten sich Frankreich und Schweden dazu, nur gemeinsam Friedensverhandlungen auf einem universalen Friedenskongress zu führen. Wenn diese aus konfessionellen Gründen an verschiedenen Orten stattfinden mussten, wollte man sich gegenseitig abstimmen. Beide Mächte wollten ihre reichsständischen Bündnispartner beteiligen. Um die Einheit des Kongresses zu demonstrieren, sollten die Verhandlungen gleichzeitig beginnen sowie enden und notfalls auch gemeinsam abgebrochen werden. Als mögliche Verhandlungsstädte waren Köln sowie Lübeck bzw. Hamburg vorgesehen, womit man Bezug auf die gleichzeitig stattfindende Friedensvermittlung durch den Papst nahm, der 1636 den Kölner Kongress für die katholischen Mächte initiiert hatte.

In ihren Forderungen waren sich Frankreich und Schweden nun einig: die Wiederherstellung des status quo ante bellum, eine allgemeine Amnestie auf der Basis von 1618 sowie eine angemessene Satisfaktion. Die Klärung der italienischen Konflikte wurde auf Wunsch Schwedens aus dem Hamburger Vertrag ausgeklammert.

Damit gelang es Frankreich, Schweden von einem Separatfrieden mit dem Kaiser auf der Basis des Prager Friedens abzubringen. Nicht zuletzt dieses Bündnis dürfte den Krieg um zehn Jahre verlängert und das Kriegsgeschehen verändert haben. Der Dreißigjährige Krieg entwickelte sich endgültig zum «europäischen Krieg in Deutschland» (Konrad Repgen). Frankreich und Schweden verabredeten nun eine gemeinsame Offensive, wobei Schweden über Brandenburg und Sachsen bis in die habsburgischen Erblande vorstoßen sollte, während Frankreich über Süddeutschland dorthin gelangen wollte.

Option 2: Parallel zu den kaiserlichen Bemühungen, separate Friedensverhandlungen zu führen, verlief eine zweite Friedensinitiative, die in erster Linie auf die Befriedung der katholischen Mächte in ihrem Kampf um die Hegemonie in Europa zielte. Hier liegt der Ursprung der Idee, den Frieden nicht durch Geheimdiplomatie oder bilaterale Friedensgespräche, sondern durch einen allgemeinen, großen Friedenskongress zu erreichen, womit der Begriff Universalfrieden (pax universalis) verbunden wird. Dies war in der damaligen Diplomatie ein durchaus neuer Gedanke, der letztlich auf die Komplexität des Kriegsgeschehens und die komplizierte Bündniskonstellation zurückgeführt werden kann. Da es dafür keine Erfahrungswerte und rechtlichen Regelungen gab, war die Frage völlig offen, wie ein solcher Kongress auszusehen hatte und wer dort auf welche Weise verhandeln sollte. Eine wichtige Rolle spielte dabei zunächst die Idee, dass der Frieden von unparteiischen Mächten vermittelt werden sollte, wobei diese nicht als Schiedsrichter agieren, sondern ihre «guten Dienste» offerieren sollten. Das hieß, auf eigenständige Vorschläge zur Schlichtung des Konflikts zu verzichten, um nicht den Anschein von Parteilichkeit zu erwecken.

Traditionell kam diese Rolle dem Papst zu, der als Vater aller (padre comune) für den Frieden in der Christenheit verantwortlich war. Zwei Entwicklungen erschwerten jedoch die Wahrnehmung dieser Aufgabe. Zum einen agierte die Kurie selbst immer stärker als politische Macht mit eigenständigen Interessen, zum anderen war die Stellung des Papstes als Oberhaupt der gesamten Christenheit seit der Reformation zerbrochen. Auch andere Mächte wie zum Beispiel Dänemark, die Erfahrungen als Vermittler besaßen und sich im Dreißigjährigen Krieg in dieser Funktion anboten, stießen von verschiedenen Seiten auf Misstrauen. Es zeichnete sich schon frühzeitig ab, dass die Friedensvermittlung durch den Papst oder weitere neutrale Mächte nicht der alleinige Weg zum Frieden sein würde.

Im Vorfeld und verstärkt seit Ausbruch des spanisch-französischen Krieges 1635 versuchte der Papst einen Frieden zwischen den rivalisierenden katholischen Mächten Frankreich sowie den beiden habsburgischen Linien zu vermitteln. Seit 1634 bot sich Urban VIII. in der traditionellen Rolle als Friedensstifter unter den katholischen Großmächten an, was diese schwerlich ablehnen konnten. Gedacht war zunächst an einen Universalfriedenskongress für alle katholischen Mächte. Allerdings bestand Frankreich darauf, seine protestantischen Verbündeten Schweden, die Vereinigten Provinzen der Niederlande und Reichsstände wie Hessen-Kassel in die Verhandlungen einzubeziehen – auch, um den beiden habsburgischen Linien nicht allein entgegentreten zu müssen. Diese wiederum beharrten auf einer Einigung nur unter den katholischen Mächten ohne Berücksichtigung der protestantischen Verbündeten Frankreichs.

Der Papst wollte auf keinen Fall mit «Häretikern» verhandeln und rückte nie von dieser Position ab. Auch die Protestanten lehnten den Papst als Vermittler strikt ab. In dieser verfahrenen Situation kam offenbar fast gleichzeitig bei den Protestanten wie auch beim Papst die Idee auf, an zwei separaten Kongressorten nach Konfessionen getrennt zu verhandeln. Von päpstlicher Seite wurde bereits auch die Idee von zwei Verträgen vertreten. Venedig sollte an Stelle des Papstes mit den protestantischen Verbündeten Frankreichs verhandeln. Umstritten blieb jedoch die Stellung der Reichsstände, insbesondere derjenigen, die nicht unter die Amnestie des Prager Friedens fielen. Die Forderung Frankreichs, auch diese zum Kongress zuzulassen, verweist darauf, dass Frankreich bereits beabsichtigte, Einfluss auf die inneren Verhältnisse des Reiches zu nehmen. Damit rief der in Vertretung des unmündigen französischen Königs agierende Kardinal Richelieu allerdings den Widerstand des Kaisers hervor, der eine Beteiligung der Reichsstände an einem Universalfriedenskongress als überflüssig erachtete. Die mit ihm nicht ausgesöhnten Fürsten fand er keiner Berücksichtigung wert.

Außerdem war der Kaiser nicht bereit, sich für einen Separatfrieden mit Frankreich von Spanien zu trennen, wie dies Frankreich wünschte. Auf dem Kurfürstentag in Regensburg 1636, auf dem der Prager Frieden noch die volle Zustimmung der Kurfürsten fand und diese der Wahl von Ferdinand III. zum römischen König und Nachfolger Kaiser Ferdinands II. zustimmten, wurde lediglich beschlossen, dass die Kurfürsten bevollmächtigte Vertreter zum Kölner Kongress und den Verhandlungen mit Schweden über einen Separatfrieden entsenden sollten. Die Idee von zwei getrennten Verhandlungsorten fand die Billigung der Kurfürsten. Zudem war man mit dem Kaiser darin einig, keine Zugeständnisse an Frankreich oder Schweden zu machen.

Um dem geplanten Friedenskongress, der im Herbst 1636 in Köln zusammentreten sollte, den nötigen Nachdruck zu verleihen, ernannte der Papst den Kardinal Martio Ginetti zum Legaten. Als der päpstliche Legat und spanische wie kaiserliche Gesandte sich in Köln trafen, blieben Frankreich und seine Verbündeten der Stadt fern. Eine Schlüsselrolle spielte in dieser Zeit Schweden, das sowohl mit Frankreich als auch dem Kaiser verhandelte und somit über die Form der Friedensverhandlungen entschied. Mit dem Wismarer Interimsvertrag von 1636, aber vor allem mit dem Hamburger Vertrag von 1638 und den darin enthaltenen Absprachen für Friedensverhandlungen in Köln und Lübeck bzw. Hamburg waren die Weichen für einen allgemeinen Friedenskongress gestellt.

Verhandelt wurde jetzt vor allem über die Frage, wer an dem allgemeinen Friedenskongress teilnehmen durfte und was in den Geleitbriefen für die Gesandten stehen sollte. Da sich die militärische Situation für den Kaiser verschlechterte, musste er Frankreich und Schweden zugestehen, die mit ihnen verbündeten Reichsstände an den Verhandlungen zu beteiligen. Diejenigen Stände, die vom Prager Frieden ausgeschlossen waren, durften also ihre Beschwerden durch französische oder schwedische Gesandte vorbringen. Schließlich einigte man sich darauf, dass in den Geleitbriefen offenbleiben sollte, wie die Beschwerden übermittelt werden.

Standhaft blieb der Kaiser jedoch bei der Frage, ob auch die Reichsstände, die den Prager Frieden angenommen hatten, zu den Verhandlungen zugelassen werden sollten; es ging um die grundsätzliche Bestandskraft des Prager Friedens. Der Kaiser war nicht bereit, schon entschiedene Punkte noch einmal zur Disposition zu stellen und damit seine Autorität untergraben zu lassen. Außerdem gab er weder in der Pfalzfrage nach, noch erkannte er den mit Frankreich verbündeten und von Spanien gefangen genommenen Kurfürsten von Trier, Philipp Christoph von Sötern, weiterhin als Reichsfürsten an. Im Gegenzug weigerte sich Frankreich, die 1636 erfolgte Wahl Ferdinands III. zum römischen König und die nach dem Tod seines Vaters ein Jahr später erfolgte Ernennung zum Kaiser anzuerkennen, da die Wahlen ohne Beteiligung des Kurfürsten von Trier stattgefunden hatten.

Eröffnet wurde der vom Papst initiierte Universalfriedenskongress letztlich nicht, da sich die grundsätzlichen Divergenzen der beteiligten Mächte hinsichtlich der Ausgestaltung der auszustellenden Pässe für die Gesandten nicht klären ließen. 1640 musste der Papst akzeptieren, dass seine Vermittlungsbemühungen gescheitert waren.

1640/41

Die innenpolitischen Probleme in Spanien und die Niederlagen
Spaniens im Achtzigjährigen Krieg (Spanische Krise) zwangen
den spanischen König dazu, die Unterstützung der kaiserlichen
Partei im Dreißigjährigen Krieg einzustellen. In der Folge konnte
keine der Kriegsparteien auf dem Schlachtfeld die Oberhand gewinnen; die Forschung spricht in dieser Kriegsphase von einem
Gleichgewicht der Kräfte (Aequilibrium). Die Hoffnung der
meisten Reichsstände, dass mit dem Prager Frieden das Reich
befriedet werden könne, schwand, was sich wiederum in zuneh-
mender Kritik am Prager Frieden, insbesondere an den Amnes-
tieklauseln, und einer größeren Verhandlungsbereitschaft mit
den Kronen Frankreich und Schweden niederschlug. Zu wichtigen Foren der Auseinandersetzung zwischen Kaiser und Reich
über den künftigen Friedenskurs wurden der Nürnberger Kurfürstentag von 1640 und der 1640/41 auf Aufforderung des
Kaisers in Regensburg zusammengetretene Reichstag, der erstmals seit 1613 wieder tagte.

Hatte der Kaiser durch diesen Schritt gehofft, weiterhin die
Unterstützung der Reichsstände für den Prager Frieden und die
damit verbundene Idee separater Friedensschlüsse mit den ausländischen Kronen zu erhalten, wurde er enttäuscht. Zwar
hielten die Reichsstände noch am Prager Frieden fest, aber alle
Hindernisse für allgemeine Friedensverhandlungen sollten von
kaiserlicher Seite aus dem Weg geräumt werden. So konnten
Kurfürsten und Fürsten durchsetzen, dass diejenigen Reichsstände, die sich noch nicht mit dem Kaiser ausgesöhnt hatten,
und weitere Verbündete Schwedens und Frankreichs zu den
künftigen Friedensverhandlungen zugelassen wurden. Der Kaiser war auch bereit, eine Delegation des Fürstenrats zu tolerieren, die ihm Beschwerden über den Prager Frieden vorbringen
durfte.

Hinsichtlich der Amnestiefrage, die nun immer stärker in den
Vordergrund trat, wurde von kaiserlicher Seite vorgeschlagen,
dass diejenigen, die dem Prager Frieden beigetreten waren und
als vollkommen restituiert galten, bei ihrem Status verbleiben
sollten. Die nur teilweise Restituierten und die von der Amnes-

tie des Prager Friedens Ausgeschlossenen sollten wie die Ausgesöhnten behandelt werden, mit Ausnahme der habsburgischen Erblande und der Pfalz. Die kaiserlichen Amnestievorschläge sollten suspendiert bleiben, bis sich der Kaiser mit allen Reichsständen versöhnt hatte. Damit war die Frage einer vollständigen Amnestie auf der Basis von 1618, die von Frankreich, Schweden und den nicht mit dem Kaiser versöhnten Reichsständen erhoben worden war, noch einmal im Sinne des Prager Friedens beantwortet worden. Gänzlich ungeklärt blieb die Frage, wie Frankreich und Schweden entschädigt werden sollten und wie sich dies wiederum auf die konfessionellen Besitzstände auswirken würde.

Der Kaiser behielt damit die politische Initiative vorläufig in der Hand. Letzten Endes konnte er aber nicht verhindern, dass sich immer mehr Reichsstände vom Prager Frieden abwandten, zumal die Bemühungen um einen Separatfrieden mit Schweden noch vor Ablauf des Reichstags endgültig scheiterten. Da der Hamburger Vertrag von 1638 auf drei Jahre befristet war und im März 1641 auslaufen sollte, machte man sich von kaiserlicher Seite Hoffnung darauf, mit den Schweden auf der Basis verschiedener Zugeständnisse und Satisfaktionsleistungen doch noch einen separaten Frieden schließen zu können. Unter anderem ging es um Pommern, was man Schweden in Aussicht stellte, ohne die Zustimmung Brandenburgs, dem Pommern durch Erbe zugefallen war, oder des Reichstags zu besitzen. Dies hatte wiederum einen massiven Konflikt mit Brandenburg zur Folge, das nun seinerseits Verhandlungen mit Schweden aufnahm und auf dem Reichstag in scharfen Gegensatz zum Kaiser trat. In letzter Konsequenz kündigte Brandenburg 1641 den Prager Frieden auf, indem es mit den Schweden Neutralität vereinbarte.

Nicht zuletzt in Reaktion auf diese Entwicklungen verlängerten Schweden und Frankreich den Hamburger Vertrag am 30. Juni 1641 unbefristet bis zum Ende des Krieges und konkretisierten die Bestimmungen über Friedensverhandlungen. Um die Einheit des Kongresses zu betonen und einander näher zu sein, verständigten sich beide auf das katholische Münster und das überwiegend lutherische Osnabrück als Verhandlungsorte. Der Reichstag befürwortete diese Wahl letztlich, obwohl der Mehrheit der Delegierten andere Orte wie beispielsweise eine oder zwei der großen Reichsstädte lieber gewesen wären.

1641

Im neutralen Hamburg, wo sich der schwedische Gesandte Johan Adler Salvius aufhielt, begannen ab Sommer 1641 offizielle Vorbesprechungen für Friedensverhandlungen zwischen ihm und dem kaiserlichen Gesandten Curt von Lützow, der auch Spanien vertrat, sowie dem französischen Gesandten Claude de Mesmes Graf d'Avaux. Diese wurden durch dänische Vermittlung und eine Krise der schwedischen Streitkräfte befördert. Sie mündeten in den Hamburger Präliminarfrieden vom 25. Dezember 1641, der die wichtigsten Verfahrensweisen für die Friedensverhandlungen festlegte. Die Parteien initiierten damit einen Friedensprozess, verpflichteten sich aber nicht auf einen Friedensschluss.

Schon der Umstand, dass der Präliminarfrieden aus zwei Abkommen besteht, verweist auf die enormen Probleme, die mit den Verhandlungen des kaiserlichen Gesandten und derjenigen der beiden ausländischen Kronen verbunden waren. Da Frankreich die Wahl Ferdinands III. zum römischen König und die Ernennung zum Kaiser als ungültig ansah, konnte kein gemeinsamer förmlicher Vertrag geschlossen werden. Daher wurden die Abmachungen des französischen und kaiserlichen Gesandten nur brieflich festgelegt, während zwischen dem Kaiser und Schweden ein Vertrag zustande kam.

Darin wurden Münster und Osnabrück als Kongressstädte bestätigt, allerdings sollten die Verhandlungen als ein Kongress angesehen werden, womit man den Wünschen Frankreichs nach einem großen allgemeinen Friedenskongress entsprach. Frankreich gelang es damit, seine beiden verbündeten Großmächte, Schweden und die Vereinigten Provinzen der Niederlande, institutionell in die Friedensverhandlungen mit dem Kaiser und Spanien einzubinden. Als Verhandlungsform wurde die Vermittlung durch Dritte festgelegt. Dänische Gesandte sollten in Osnabrück zwischen dem Kaiser und Schweden vermitteln, während in Münster der päpstliche und der venezianische Gesandte diese Aufgabe zwischen den katholischen Mächten übernehmen sollten. Beide Städte sollten für die Dauer des Kongresses neutralisiert werden, was bedeutete, dass die dort befindlichen Truppen das Feld zu räumen hatten und die Sicherheit der Kongressteilnehmer durch die Magistrate der Städte zu gewährleisten war. Auch die Verbindungsstraßen zwischen beiden Städten wurden für neutral erklärt. Als Beginn der Verhandlungen wurde der 25. März 1642 festgelegt.

Jede der vier am Kongress beteiligten Mächte sollte Geleitbriefe für die Gegner und deren Verbündete ausstellen, die man zwei Monate später in Hamburg austauschen wollte. In diesem Zusammenhang ist es bemerkenswert, wen Frankreich und Schweden gemeinsam als ihre Bündnispartner bezeichneten. Dazu zählten die pfälzischen Wittelsbacher, Braunschweig-Lüneburg und Hessen-Kassel. Frankreich benannte darüber hinaus Savoyen, die Vereinigten Provinzen und Kurtrier. Ungeklärt blieb die Frage, wie mit den Reichsständen insgesamt zu verfahren sei. Von kaiserlicher Seite ging man offenbar davon aus, dass die auf dem Regensburger Reichstag gefassten Beschlüsse auf der Basis des Prager Friedens weiterhin die Grundlage bildeten. Demnach wollte der Kaiser, unterstützt von den Kurfürsten, als alleiniger Verhandlungsführer auftreten. Innere Reichsangelegenheiten sollten jedoch nicht Gegenstand des allgemeinen Friedenskongresses sein. Allerdings willigte der Kaiser in eine Formulierung ein, die Optionen offenhielt. Demnach wurde allen freies Geleit zugesichert, die sich künftig als Verbündete Frankreichs und Schwedens bezeichneten. Dass diese Formulierung erheblichen Spielraum bot, dürfte allen Beteiligten klar gewesen sein. Offenbar sollten die Waffen darüber entscheiden, denn es wurde kein Waffenstillstand vereinbart. Nicht zuletzt deshalb versuchten sowohl Frankreich als auch die kaiserliche Seite, den Beginn der Friedensverhandlungen zu verzögern. Hinzu kam 1641 eine militärische Krise der Schweden, deren Truppen meuterten. Der Präliminarfrieden wurde folglich nur zögerlich ratifiziert. Der Kaiser stimmte im Juli 1642 zu, Frankreich 1643 und Spanien erst 1644. Dadurch verschob sich auch der Beginn der Verhandlungen in Münster und Osnabrück, so dass von keiner eindeutigen Eröffnung des Friedenskongresses gesprochen werden kann. Nach zeitgenössischer Meinung begannen die Verhandlungen erst mit der Überreichung der miteinander abgestimmten Vorschläge zum Frieden (Friedenspropositionen) von Frankreich und Schweden am 11. Juni 1645, worin die zentralen Verhandlungsgegenstände und Forderungen enthalten waren.

1641 bis 1645

Warum sich der Beginn der eigentlichen Verhandlungen so sehr verzögerte, hatte unterschiedliche Gründe. Einig waren sich nun alle Kriegsbeteiligten darin, Friedensverhandlungen auf einem allgemeinen Friedenskongress zu führen, aber jeder wollte dafür eine möglichst günstige Ausgangssituation. Deshalb gingen die Kriegshandlungen weiter. Die Forschung spricht in diesem Zusammenhang vom Kampf um die Friedensverhandlungen oder von der Strategie, durch Krieg zum Frieden zu gelangen. Grundsätzlich verschlechterte sich die militärische Situation für die kaiserliche Seite allmählich, während Frankreich und Schweden an Boden gewannen.

Die Spanische Krise schlug sich ab 1641 mehr und mehr auf dem mitteleuropäischen Kriegsschauplatz nieder. Spanien war nicht nur in einen Zweifrontenkrieg gegen Frankreich und die Vereinigten Provinzen der Niederlande verstrickt und hatte in diesem Zusammenhang bereits die Spanische Straße verloren, die über die italienischen Besitzungen Spaniens, das Fürstentum Savoyen und die Freigrafschaft Burgund führte und der Versorgung der spanischen Truppen in den Niederlanden diente. Es musste sich auch auf die Wiedergewinnung der aufständischen Portugiesen und Katalanen konzentrieren. Die Überstrapazierung der spanischen Ressourcen zeigte sich im Mai 1643 in der schweren symbolträchtigen Niederlage bei Rocroi, als die spanische Infanterie von der französischen Armee vernichtend geschlagen wurde.

Spanien war nicht mehr in der Lage, seinen Bündnisverpflichtungen gegenüber dem Kaiser in voller Höhe nachzukommen.

Wegen der ausbleibenden Subsidienzahlungen konnte die kaiserliche Seite keine neue Feldarmee aufstellen und in die Offensive gehen. Auch der 1642 von Schweden unter dem neuen Oberbefehlshaber Lennart Torstensson begonnene schwedisch-dänische Krieg (1643/44), der vorübergehend schwedische Truppen im Norden Europas band, brachte keine Entlastung, weil gleichzeitig der Waffenstillstand zwischen dem Kaiser und dem Osmanischen Reich vom Sultan nicht ratifiziert wurde und einer der Vasallen des Sultans, der Siebenbürgener Fürst Georg I. Rákóczi, in Absprache mit Schweden und Frankreich habsburgische Stellungen in Ungarn angriff. Alle kaiserlichen Versuche, militärisch oder diplomatisch die Oberhand im Krieg zu gewinnen, scheiterten und mündeten im Frühjahr 1645 letztlich in die dramatische Niederlage der kaiserlichen Truppen gegen die Schweden in der Schlacht bei Jankau.

Schweden konnte dagegen seine militärische Krise überwinden und nicht zuletzt mit Hilfe französischer Subsidien, die aus dem erneuerten Hamburger Vertrag flossen, seine Ziele im Ostseeraum weiter verfolgen. Mit dem für alle Seiten überraschenden schwedisch-dänischen Krieg gedachte Schweden, den Rivalen im Ostseeraum, der aus Sicht Schwedens die schwedische Position in den Friedensverhandlungen zu schwächen suchte, in die Schranken zu weisen. Durch den 1645 erfolgten Sieg Schwedens wurde nicht nur dessen Stellung im Ostseeraum gestärkt, sondern auch Dänemark als Vermittler bei den Osnabrücker Friedensverhandlungen ausgeschaltet.

Die schwedischen Eigenmächtigkeiten stießen nicht auf das Wohlwollen Frankreichs, das seine Subsidien im Kriegsgeschehen im Reich eingesetzt sehen wollte. Hinzu kamen weitere Unsicherheiten, die aus dem Tod Richelieus im Dezember 1642 sowie König Ludwigs XIII. im Mai 1643 resultierten. Die in Vormundschaft für den unmündigen König Ludwig XIV. regierende Königinwitwe Anna von Österreich setzte jedoch Kardinal Jules Mazarin als Leitenden Minister ein, der Richelieus Außenpolitik einschließlich der Vorstellungen in Bezug auf den Friedenskongress fortsetzte. So wurde der Hamburger Präliminarfrieden 1643 von Frankreich ratifiziert.

Parallel zum Krieg und beeinflusst von den jeweiligen militärischen Konstellationen wurde um die in Hamburg offengelassenen Aspekte gerungen. Umstritten war, ob es nur um die Befriedung der europäischen Kriegsschauplätze gehen sollte oder ob auch Reichsangelegenheiten verhandelt und damit die Reichsstände einbezogen werden sollten.

Immer mehr Reichsstände rückten in dieser Phase vom Kaiser und dem von ihm repräsentierten Prager Frieden ab. Dies zeigte sich vor allem daran, dass sie das ius pacis ac belli, auf das man im Prager Frieden verzichtet hatte und mit dem das Bündnisrecht (ius foederis) und die Militärhoheit (ius armorum) verbunden waren, wieder für sich einforderten. Den Anfang hatte 1641 Brandenburg mit einem Neutralitätsvertrag mit Schweden gemacht, Bayern befand sich ebenfalls bereits in Verhandlungen mit Frankreich. Selbst wenn es dem Kaiser 1642 im Frieden von Goslar gelang, sich mit den Herzögen von Braunschweig-Lüneburg auszusöhnen, so nahm der Unmut über den Krieg und die kaiserliche Haltung zu den geplanten Friedensverhandlungen unter den kleineren und mittleren Reichsständen zu. Immer lauter forderten sie unter dem Schlagwort der «teutschen Libertät» den Schutz ihrer politischen Mitgestaltungsrechte ein. Artikuliert wurde ihre Kritik zum einen auf den Kreistagen einiger Reichskreise, zum anderen auf dem Reichsdeputationstag in Frankfurt am Main, der von Kaiser Ferdinand III. 1642 einberufen worden war, um über den Landfrieden und die ausstehende Reform des Reichskammergerichts zu diskutieren. Die Verhandlungen begannen verspätet und endeten im August 1645. Die beteiligten Reichsstände, unter denen sich Vertreter aller drei Kurien befanden, wobei die katholischen Reichsstände in der Mehrheit waren, hatten erklärt, dass es ohne Frieden keine Gerechtigkeit und gute Justiz geben könne. Deshalb wurden die Friedensverhandlungen und vor allem die Frage der Beteiligung der Reichsstände auf die Agenda gesetzt, was nicht den kaiserlichen Wünschen entsprach. Den Kurfürsten war 1636 zwar gestattet worden, Vertreter auf den Friedenskongress zu entsenden, aber auch die kleineren und mittleren Reichsstände beanspruchten das ius pacis ac belli für sich und bestritten damit den Alleinvertretungsanspruch von Kaiser und Kurfürsten für das Reich. Es gelang ihnen auf dem Deputationstag zwar nicht, ihren Anspruch auf Teilnahme an den Friedensverhandlungen durchzusetzen, aber der Kaiser konnte sie angesichts der militärischen Entwicklung auch nicht ignorieren.

Den Ausschlag gaben letztlich die ausländischen Kronen. Insbesondere Schweden engagierte sich, beeinflusst durch die Interventionen der Landgräfin Amalie Elisabeth von Hessen-Kassel, unterstützt vom jungen Kurfürsten von Brandenburg, für die Beteiligung aller evangelischen Reichsstände an den Friedensverhandlungen und lud diese im April und November 1643 zum Friedenskongress ein. Nachdem die Einladung nur zögerlich angenommen worden war, überzeugte die Landgräfin auch Frankreich davon, wie entscheidend die Beteiligung aller Reichsstände am Friedenskongress für den Schutz der «teutschen Libertät» und die Sicherung des Friedens sei. Aus ihrer Sicht handelte es sich um Maßnahmen, welche die Macht des Kaisers und damit den habsburgischen Anspruch auf eine Universalmonarchie erschütterten. Mit der Einladung zur Teilnahme aller Reichsstände am Friedenskongress, die am 6. April 1644 erfolgte und im Herbst noch zweimal wiederholt wurde, riefen Frankreich und Schweden zum offenen Widerstand gegen den Kaiser auf. Dieser forderte die Reichsstände auf, die Einladung der Kronen zurückzuweisen. Die ersten Reichsstände entschlossen sich jedoch noch 1644 dazu, eigene Abordnungen nach Münster und Osnabrück zu schicken.

In der Zwischenzeit waren dort auch schon Gesandte der Mediatoren und großen Mächte eingetroffen, die erneut über Formulierungen der Vollmachten in Streit geraten waren, hinter denen sich die entscheidende Frage des Teilnehmerkreises am Kongress verbarg. Nachdem man sich auf einen Kompromiss verständigt hatte, sollte der Kongress am 4. Dezember 1644 mit dem Austausch der Propositionen eröffnet werden. Frankreich und Schweden verlangten die Zulassung und Teilnahme aller Reichsstände am Kongress, bevor sie in Verhandlungen eintreten wollten. Frankreich forderte darüber hinaus die Freilassung des Trierer Kurfürsten, womit man sich vollends vom Hamburger Präliminarfrieden entfernte. Anfang 1645 rang man darum, den Kongress nicht aufzuschieben, als sich die militärische Situation für den Kaiser durch die Niederlage von Jankau einschneidend veränderte. Hatte der Kaiser bis dahin gehofft, die Angelegenheiten des Reiches durch die Einberufung eines Reichstags oder eines neuen Deputationstags von den Friedensverhandlungen fernhalten zu können, so ließ sich der Zustrom der Reichsstände nach Münster und Osnabrück nun nicht mehr eindämmen. Auch Zugeständnisse des Kaisers, wie die Freilassung des Kurfürsten von Trier oder die Inkraftsetzung der 1641 suspendierten Regensburger Amnestieregelungen, änderten an der Situation nichts mehr. Erschwerend kam hinzu, dass einer der wichtigsten kaiserlichen Verbündeten, der Kurfürst von Sachsen, im September 1645 mit den Schweden einen Waffenstillstand vereinbaren musste, da diese in seinem Territorium wüteten. Auch die Geheimverhandlungen zwischen Bayern und Frankreich wurden wieder intensiviert. Und letztlich verständigten sich Frankreich und Schweden unter Einbeziehung der Reichsstände auf Propositionen, in denen die eigenen Satisfaktionsforderungen in den Hintergrund und die Interessen des Reiches in den Vordergrund gerückt wurden. Es ging dabei um die allgemeine Amnestie auf der Basis von 1618, um die Wiederherstellung der reichsständischen Rechte, der «teutschen Librtät», und um die Abstellung der Religionsbeschwerden, wofür sich die Schweden und die protestantischen Reichsstände einsetzten, während Frankreich in erster Linie daran gelegen war, die weitere Zusammenarbeit zwischen den beiden habsburgischen Linien zu unterbinden.

Nicht zuletzt deshalb drangen die Reichsstände darauf, offiziell als Kongressteilnehmer zugelassen zu werden. Mit Unterstützung Schwedens beschlossen die in Münster und Osnabrück bereits anwesenden Gesandten der Reichsstände, dass all diejenigen Stände, die mit Sitz und Stimme auf dem Reichstag vertreten waren, dies auch auf dem Westfälischen Friedenskongress sein sollten. Damit kamen sie der Einladung des Kaisers nach Münster und Osnabrück an alle Reichsstände (29. August 1645) zuvor.

Die Einladung der Reichsstände zu den Verhandlungen in Münster und Osnabrück gilt als das «erste wichtige politische Ergebnis der westfälischen Friedensverhandlungen» (Konrad Repgen). Der Alleinvertretungsanspruch des Kaisers war damit vom Tisch. Durch die Befassung mit inneren Angelegenheiten des Reichs gewann der Friedenskongress den Charakter eines Reichstages, zumal die Stände entsprechend den drei Reichstagskurien verteilt auf die zwei Städte, also in insgesamt sechs Gremien, parallel über die gleichen Inhalte verhandeln sollten. Im katholisch dominierten Münster sollten einige wenige protestantische Reichsstände und im überwiegend lutherischen Osnabrück einige katholische Reichsstände vertreten sein. Alle reichsständischen Gesandten durften an den Versammlungen in beiden Städten teilnehmen, sie konnten aber nur an einem Ort ihre Stimme führen. Ein komplizierter Beratungsmodus ließ vermuten, dass sich die Verhandlungen schwierig und langwierig gestalten würden.

III. Der Kongress beginnt

1. Verhandlungsstädte

Die beiden westfälischen Bischofsstädte Münster und Osnabrück wurden bereits im Mai bzw. Juni 1643 durch den kaiserlichen Bevollmächtigten, den Reichshofrat Johann Krane, für die Dauer des Kongresses von ihrem Eid auf den Kaiser und ihre jeweiligen Landesherren in einer feierlichen Zeremonie entbunden. Das bedeutete, dass die Schweden, die den Fürstbischof Franz Wilhelm von Wartenberg 1633 aus Osnabrück vertrieben hatten und seitdem dort regierten, die überwiegend lutherische Stadt verlassen mussten. Der Landesherr der katholischen Stadt Münster war der Kurfürst von Köln, Ferdinand von Bayern, der jüngere Bruder des bayerischen Kurfürsten Maximilian. Er residierte in Bonn, so dass die Gesandten in Münster sofort Quartier beziehen konnten.

Mit der Neutralisierung war der Abzug der Truppen verbunden und die Verantwortung für die Sicherheit ging auf die jeweiligen Magistrate über. Während in Osnabrück die Bürger selbst den Schutz der Gesandten übernahmen, heuerte der Stadtrat von Münster einen Stadtkommandanten an, der 1200 Mann Stadtsoldaten befehligte. In beiden Städten scheint es jedoch trotz der vielen Fremden und der räumlichen Enge zu keinen größeren Sicherheitsproblemen gekommen zu sein. Für Osnabrück wird die Einwohnerzahl zum Zeitpunkt des Kongresses auf 6000 bis 8000 und für Münster auf 10 000 bis 12 000 geschätzt. In beiden Städten mussten viele Menschen in einer Situation zusätzlich versorgt werden, in der der Krieg deutliche Spuren hinterlassen hatte. Weder Münster noch Osnabrück besaßen im Gegensatz zu den großen Reichsstädten, in denen der Reichstag oder andere Reichsversammlungen getagt hatten, Erfahrung bei der Ausrichtung einer solch großen Zusammenkunft. Beide Städte waren zudem hoch verschuldet und verfügten beispielsweise kaum über die Mittel für die Geschenke, die man den Gesandten zur Begrüßung zu überreichen hatte.

Sie boten nur eingeschränkte Möglichkeiten, die Gesandtschaften mit ihrem großen Gefolge angemessen unterzubringen. Zudem fehlten Möglichkeiten der Unterhaltung, auch die städtische Infrastruktur ließ zu wünschen übrig. In Osnabrück war kein Drucker mehr ansässig, der für die Vervielfältigung von Verhandlungsdokumenten und für die Unterrichtung der Öffentlichkeit wichtig gewesen wäre. Der Informationsaustausch lief deshalb über Münster, wo es einen Drucker gab und 1643 im Auftrag des Kaisers ein eigenes Reichspostamt eingerichtet wurde. Funktionierende Postverbindungen waren vor allem deshalb wichtig, da die Gesandten nur eingeschränkte Vollmachten besaßen und sich bei wichtigen Verhandlungsfragen bei ihrem jeweiligen Hof rückversichern mussten.

Der ländliche Charakter der Verhandlungsorte schlug sich im Stadtbild deutlich nieder, da innerhalb der Stadtmauern Vieh gehalten wurde und die Straßen stark verunreinigt waren. Zahlreiche Klagen der Gesandten über den Dreck und den Gestank in den Gassen sind in den Archiven überliefert. In Osnabrück wurde deshalb 1647 eine Art Müllabfuhr eingerichtet, welche jeden Samstag die Misthaufen aus den Gassen entfernte. Neben den hygienischen Verhältnissen machte vielen Gesandten, insbesondere aus dem Süden, das regnerische und kühle Klima zu schaffen. Sie glaubten sich im alten Germanien zu befinden, wie es von Cäsar und Tacitus beschrieben wurde. Der schwedische Gesandte Salvius, der sich fast am längsten in Osnabrück aufhielt, bezeichnete die Stadt als «melancolisch» (Gerd Steinwascher).

Das Stadtbild war geprägt von Bürgerhäusern, die wie westfälische Bauernhöfe aussahen. Daneben existierten in beiden Städten Domkurien, Adelshöfe und Häuser reicher Kaufleute, die für die größeren Gesandtschaften genutzt werden konnten. In Münster, das von einigen Gesandten als komfortabler empfunden wurde, stand zudem eine Reihe von Klöstern zur Verfügung, während in Osnabrück eher Bürgerhäuser und Gaststätten requiriert wurden. Die Stadträte überließen es den Eigentümern, mit den Gesandtschaften Mietverträge zu schließen, und griffen nur bei Schwierigkeiten ein.

Da die Verhandlungen vor allem in Münster in den Gesandtschaftsquartieren stattfanden, bedurften die Häuser eines Audienzzimmers. Die Gesandten der Reichsstände versammelten sich dagegen in Münster im Bischofshof am Domplatz und in Osnabrück im Rathaus, das eigens dafür saniert wurde. Einen zentralen Versammlungsort aller Gesandtschaften gab es nicht, denn der Modus der Verhandlungen sah Vollversammlungen nicht vor.

Probleme bereiteten die zunehmend steigenden Preise für Lebensmittel als Folge neuer Zölle, die Münzqualität und die Wechselkurse, die durch die Stadträte reguliert werden mussten. Die Wirtschaft in den Städten profitierte jedoch vom Friedenskongress. Wider Erwarten gelang es, die zahlreichen Gesandten in den Städten unterzubringen und zu versorgen. Dabei gingen diese vielerorts Kompromisse ein und bemühten sich, für die Zeit der längeren Anwesenheit ein einigermaßen komfortables Zuhause zu schaffen. Einige Gesandte ließen sogar Frau und Familie nachkommen und lebten mehrere Jahre dort. Nicht zuletzt deshalb entwickelte sich in den Verhandlungsorten ein den Repräsentationsbedürfnissen der zum Teil adligen Gesandten entsprechendes Gesellschaftsleben mit Theater- und Ballettaufführungen, prunkvollen Festen und anderen Geselligkeiten, die auch dem Informationsaustausch dienten. Für die Unterhaltung breiter Bevölkerungskreise sorgten Lotterien, Gaukler, Artisten und anderes fahrendes Volk. Umso mehr bemühten sich die Stadträte, Sitte und Moral in den Städten aufrechtzuerhalten und das Alltagsleben streng zu reglementieren. In Osnabrück unterband man 1647 beispielsweise ein Wiederaufleben der Hexenverfolgung, die 1636 eingesetzt hatte und erst kurz vor Beginn des Friedenskongresses durch die schwedische Herrschaft eingedämmt worden war. Zu Konflikten zwischen den Gesandtschaftsangehörigen und der Bürgerschaft kam es nur selten, und wenn, spielte dabei Alkohol eine Rolle oder auch der konfessionelle Gegensatz.

2. Verhandlungsparteien: Die Gesandtschaften

In der überwiegend lutherischen Stadt Osnabrück befanden sich die ständigen Quartiere der Schweden und eines Teils der Reichsstände sowie der Dänen, die anfänglich als Vermittler fungieren sollten, nach Beginn des dänisch-schwedischen Krieges jedoch ausschieden. Hinzu kamen der französische Resident, kurzzeitig ein portugiesischer Gesandter und die kaiserlichen Gesandten. Im katholischen Münster, dessen Verhandlungsgeschehen stärker von den europäischen Fragen geprägt war, residierten die spanischen, französischen, niederländischen und kaiserlichen Gesandten, der schwedische Resident sowie ein Teil der Reichsstände und die Vermittler, der päpstliche Nuntius Fabio Chigi – der spätere Papst Alexander VII. – und der Venezianer Alvise Contarini. Darüber hinaus hielten sich in beiden Städten Kongressbeobachter auf. Je nach Verhandlungsphase waren mehr Gesandte in der einen oder in der anderen Stadt, so dass viele Gesandtschaften in beiden Städten Unterkünfte besaßen.

Der Anspruch, einen «allgemeinen» christlichen Frieden in Europa herzustellen, spiegelt sich auch in der bis dahin beispiellosen Größe des Kongresses – in der Forschung als «Kongress der Superlative» bezeichnet. Eine absolute Zahl der Gesandten und der weiteren Personen lässt sich jedoch nicht bestimmen, zu häufig wechselten die Konstellationen. Die Gesandten kamen zwischen 1643 und 1646 zeitlich versetzt nach Münster und Osnabrück und reisten zwischen 1647 und 1649 entsprechend wieder ab. Erste Quartiermacher erschienen bereits 1643 infolge der Neutralisierung. Der Großteil der Gesandten traf jedoch erst 1644 ein und wurde jedes Mal durch Vertreter der Stadt an den Stadtgrenzen begrüßt und feierlich zum Quartier geleitet. Die größte Zahl an Gesandtschaften wird für die Zeit von Januar 1646 bis Juli 1647 vermutet. Insgesamt 109 zum Teil mehrere Personen umfassende diplomatische Gesandtschaften vertraten 16 europäische Staaten und 140 Reichsstände sowie 38 weitere Mächte – unter ihnen beispielsweise italienische Fürsten und Republiken, die das Kongressgeschehen durch eigene oder fremde Gesandte beobachten ließen. Von den europäischen Mächten war England einschließlich Schottland und Irland, wo zu diesem Zeitpunkt ein heftiger Bürgerkrieg ausgetragen wurde, nicht vertreten. Zudem fehlten das russische Zarenreich und der türkische Sultan, was angesichts des Anspruchs, einen christlichen, allgemeinen und immerwährenden Frieden schließen zu wollen, nicht verwundert. Aufgrund der Zusammensetzung kann der Kongress als erster gesamteuropäischer Friedenskongress angesehen werden, der für Jahrhunderte Maßstäbe setzte.

Die französische Gesandtschaft, 1644 zunächst unter den Grafen d'Avaux und Abel Servien, dann ab 1645 unter dem Hauptbevollmächtigten Henri d'Orléans, dem Herzog von Longueville, umfasste rund 600 Personen und war damit die größte des gesamten Friedenskongresses. Sie zählte auch zu den glanzvollsten, spätestens als der Herzog 1646 seine Frau Anne-Geneviève de Bourbon-Condé nach Münster kommen ließ, die dort bald den gesellschaftlichen Mittelpunkt bildete. Zur schwedischen Gesandtschaft unter Graf Johan Oxenstierna, einem Sohn des schwedischen Reichskanzlers, gehörten 165 Personen. Hervorzuheben ist vor allem der Sekundargesandte Johan Adler Salvius, der im Unterschied zu Oxenstierna maßgeblich an der Verhandlungsführung beteiligt war. In Münster wurde Schweden durch die Residenten Schering Rosenhane und Matthias Biörenklou vertreten. Der spanische Prinzipalgesandte, Gaspar de Bracamonte y Guzmán, Graf von Peñaranda, reiste mit einem Gefolge von 112 Personen nach Münster. Die Vereinigten Provinzen der Niederlande waren ab 1646 mit acht Gesandten in Münster vertreten. Die große Masse der Gesandten stammte jedoch aus dem Reich, wobei entsprechend den Gepflogenheiten am Reichstag ein Reichsstand einen Adligen für die repräsentativen Anlässe und einen Gelehrten für die mündlichen und schriftlichen Verhandlungen entsandte.

Zur kaiserlichen Gesandtschaft zählten der Hauptgesandte Maximilian Graf von Trauttmansdorff, Johann Ludwig Graf von Nassau, Johann Maximilian Graf von Lamberg, Isaac Volmar und Johann Krane. Unter ihnen gilt Trauttmansdorff als der bedeutendste Kopf des gesamten Kongresses. Obwohl er nur anderthalb Jahre am Kongressgeschehen teilnahm, trug er in dieser Zeit maßgeblich zur Verständigung der Kriegsparteien bei. Er gilt als «Schöpfer des Friedens» (Fritz Dickmann). Wie der Großteil der kaiserlichen Gesandten war er ursprünglich lutherisch, konvertierte jedoch in jungen Jahren zum katholischen Glauben, da dies Voraussetzung für eine Karriere in kaiserlichen Diensten war. Er stammte aus einer österreichischen Adelsfamilie und trat zunächst in das kaiserliche Heer ein, bis er unter Kaiser Rudolf II. zum Reichshofrat ernannt wurde und dann unter allen folgenden Kaisern als Obersthofmeister diente. Ferdinand III. berief Trauttmansdorff 1637 schließlich zum Präsidenten des Geheimen Rates, des wohl einflussreichsten Regierungsgremiums am kaiserlichen Hof. Er wurde mit einer Reihe wichtiger diplomatischer Missionen betraut und besaß deshalb viel Erfahrung und großes Verhandlungsgeschick. Zudem war er maßgeblich am Abschluss des Prager Friedens beteiligt und auch als kaiserlicher Vertreter für den Kölner Kongress vorgesehen gewesen. Nicht zuletzt deshalb wurde er 1645 als kaiserlicher Prinzipalkommissar zum Friedenskongress entsandt, der als einziger Verhandlungsvollmacht für Gespräche mit Schweden und Frankreich besaß. Aufgrund seines Auftretens und seiner geschickten Verhandlungsführung erwarb er sich rasch das Vertrauen eines Großteils der Gesandten. Dies lag auch an seiner Bereitschaft, sich für den Abschluss eines Friedens über Bedenken des Kaisers hinwegzusetzen und dessen Maximalforderungen auf ein realistisches Maß zu reduzieren. Auf diese Weise konnte er in Auseinandersetzung mit den Schweden Friedensentwürfe (Trauttmansdorffiana) ausarbeiten, die später die Grundlage des Westfälischen Friedens bildeten.

Auch die beiden in Münster agierenden italienischen Vermittler Chigi und Contarini setzten sich unermüdlich für den Abschluss des Friedens ein, selbst wenn dem päpstlichen Nuntius Chigi die Hände stärker gebunden waren als Contarini. Unter den reichsständischen Gesandten befanden sich ebenfalls starke Persönlichkeiten, die vor allem in der Endphase der Verhandlungen, als der Frieden auf dem Spiel stand, die Dritte Partei bildeten, die – zum Unwillen der «Hardliner» unter den katholischen Gesandten – überkonfessionell ausgerichtet war und kompromissbereite Reichsstände vereinte.

Schon die Zeitgenossen wussten den Anteil der Gesandten am Zustandekommen des Friedens hoch zu schätzen, indem ihr Abbild für die Nachwelt in Kupferstichserien und Gemälden festgehalten wurde; noch heute finden sich in den Friedenssälen in den Rathäusern in Münster und Osnabrück die Porträts der wichtigsten Gesandten. Häufig wurden sie durch Ehrungen ausgezeichnet und stiegen im Anschluss an den Friedenskongress in hohe Ämter und Würden auf; Trauttmansdorff beispielsweise wurde bereits während der Verhandlungen in den Orden vom Goldenen Vlies aufgenommen.

Die Forschung hat in den Gesandten lange Zeit nur ausführende Organe gesehen. In letzter Zeit wird jedoch anerkannt, dass sie selbst oft hochrangige Politiker waren und durchaus eigenständig agieren konnten. Viele waren gelehrt und besaßen eine juristische Ausbildung. Insbesondere die Gesandten der Reichsstände, unter denen die gelehrten Bürgerlichen dominierten, verfügten über ausgezeichnete Kenntnisse der Reichsverfassung und des ius publicum imperii. Sie hatten häufig politische Erfahrung in Regierungsgremien, als Gesandte auf den Reichstagen oder anderen Reichsversammlungen gemacht und kannten sich untereinander. Sie können deshalb als politische Elite ihrer Zeit verstanden werden. Sie verfolgten mit der Herstellung des Friedens ein zentrales Ziel. Die aktuelle Forschung betont, dass nicht zuletzt gemeinsam getragene Wertvorstellungen ein wichtiger Faktor für das Gelingen von Friedensverhandlungen waren. Mit Blick auf den in Münster nicht befriedeten spanisch-französischen Krieg erklärt die Forschung, dass das Scheitern der Friedensverhandlungen auch auf tradierte Argumentationsmuster und Feindbilder der Gesandten zurückgeführt werden kann.

Eine ähnliche Entwicklung wäre auch zwischen den Verbündeten Frankreich und Schweden denkbar gewesen, die zwar in der Gegnerschaft zu den Habsburgern geeint waren, aber in konfessioneller Hinsicht unterschiedliche Ziele verfolgten. Frankreich ging mit den konfessionellen Forderungen Schwedens eher pragmatisch um, wie es sich in den Bündnisverträgen schon abgezeichnet hatte. Es wollte die Unterstützung Schwedens bei den französischen Territorialforderungen nicht aufs Spiel setzen.

Unterschiedliche Wertvorstellungen gab es aber nicht nur zwischen, sondern auch innerhalb der Gesandtschaften. Keiner wusste, welcher Gesandte seine Linie durchsetzen würde. Es kam zu unzähligen Missverständnissen und widersprüchlichen Aussagen. Am auffälligsten war dies bei den französischen Gesandten, wo sich persönliche Feindschaft mit unterschiedlichen politischen Vorstellungen verband. Der Herzog von Longueville wurde nach Münster entsandt, da zwischen dem Grafen d'Avaux und Servien konträre Vorstellungen über die Friedensbedingungen herrschten. In ihrem Verhalten spiegelte sich die innenpolitische Entwicklung Frankreichs nach dem Tod von Richelieu wider, denn unter der Regentschaftsregierung Annas von Österreich und Kardinal Mazarins versuchten unterschiedliche Gruppierungen in Frankreich an Einfluss zu gewinnen. Diese Entwicklung mündete nach der Unterzeichnung der Friedensverträge in Frankreich in einen massiven Aufstand, die Fronde, an der auch der Herzog von Longueville teilnahm. Mazarins Vertrauter in Münster war dagegen Servien, der alle Annäherungsversuche an Spanien von Seiten Longuevilles und d'Avaux' unterband. In der Forschung wird deshalb vermutet, dass die auch bei den Spaniern und Schweden zu findende heterogene Zusammensetzung der Gesandtschaften im Prinzip Ausdruck von Misstrauen war und der gegenseitigen Kontrolle der Gesandten dienen sollte.

In Schweden, wo beispielsweise lange Zeit auch eine Regentschaftsregierung durch Oxenstierna ausgeübt worden war, versuchte die 1646 mündig gewordene Königin Christina in den Friedensverhandlungen eine stärker kompromissbereite Haltung durchzusetzen, wobei sie sich auf den Gesandten Johan Adler Salvius stützte, während der Sohn von Oxenstierna, Johan, in Münster und Osnabrück eher die härtere Linie seines Vaters verfolgte.

Welchen Einfluss Faktoren wie Krankheiten oder das Klima

und die mitunter schwierigen Lebensbedingungen der einzelnen Gesandten auf die diplomatischen Beziehungen hatten, ist noch unerforscht. Schon die ältere Forschung vermutete jedoch, dass es einen Zusammenhang zwischen den Jahreszeiten und dem Verhandlungsgeschehen gab, denn wenn sich die Truppen im Winterquartier befanden und der Krieg ruhte, scheinen die Parteien verhandlungsbereiter gewesen zu sein. Auch die Frage, inwiefern sich einzelne Gesandte durch Geldzahlungen oder die Verleihung bestimmter Titel und Würden in ihrem Verhalten beeinflussen ließen, kann nur in Ansätzen beantwortet werden.

3. Verhandlungsmodus

Die in Münster und Osnabrück versammelten Gesandten bildeten einen europäischen Diplomatenkongress, den es in dieser Form noch nie zuvor gegeben hatte. So war es bis zu diesem Zeitpunkt üblich gewesen, bilaterale Friedensverhandlungen zu führen. Einziges Vorbild für Versammlungen im europäischen Rahmen stellten die großen Konzilien dar. Auf sie und Erfahrungen bei früheren Friedensverhandlungen konnte man zurückgreifen, aber die Dimensionen des Westfälischen Friedenskongresses nötigten zu neuen Formen des diplomatischen Verkehrs.

Dazu zählen auch die von der älteren Forschung häufig kritisierten Rangstreitigkeiten, die zunächst das Verhandlungsgeschehen prägten. Dabei ging es nicht um persönliche Eitelkeiten der Gesandten, sondern um ein allgemein verbindliches Zeichensystem, das den politischen Stellenwert der Verhandlungsparteien in der Öffentlichkeit und untereinander veranschaulichte. Gerade die Frage, welchen Rang die Gesandten der europäischen Mächte und der Reichsstände im Zeremoniell einnahmen, war hochpolitisch, da der höhere Rang höhere politische Bedeutung symbolisierte. Für erfolgreiche Verhandlungen war Gleichrangigkeit wichtig. Zuvor war jedoch der Botschafterstatus nur souveränen Mächten zugestanden worden, andere Gesandte waren Deputierte. Insbesondere der Rang von Republiken wie die Vereinigten Provinzen oder Venedig im Vergleich zu Monarchien war ungeklärt. Nachdem die Gesandten der Vereinigten Provinzen mit kleineren Einschränkungen anerkannt worden waren, verlangten die Kurfürsten die Anerkennung ihrer Gesandten als Botschafter, was ihnen gewährt wurde. Auch die Republik Venedig wurde daraufhin im Botschafterrang zugelassen. Die Vertreter der Reichsfürsten und der Reichsstädte blieben jedoch zu ihrem großen Verdruss ausgeschlossen und gehörten damit zur zweiten Rangklasse.

Als nächstes galt es, die Frage der Präzedenz unter den Botschaftern zu klären, worüber wiederum heftige Auseinandersetzungen entbrannten. Unangefochten besaß der Kaiser den ersten Platz in der europäischen Rangfolge. Umstritten war jedoch, ob Frankreich oder Spanien der zweite Platz gebührte; Frankreich reagierte besonders empfindlich. Die Rangfolge zeigte sich etwa bei den Einzügen der Delegationen und dem Entgegenfahren, womit man den Anreisenden die Reverenz erwies, aber auch den eigenen Vorrang zur Schau stellte. Eine endgültige Klärung der zeremoniellen Fragen gelang offenbar nicht, so dass das Verhandlungsgeschehen von ständigen Rangstreitigkeiten begleitet wurde. Allerdings nahm deren Bedeutung im Verlauf des Kongresses ab und sie standen nicht mehr so stark im Vordergrund. Man sah in ihnen zunehmend ein Hindernis für das Verhandlungsgeschehen; so versuchten Gesandte späterer Friedenskongresse Mechanismen zu entwickeln, um Zeremonialstreitigkeiten zu vermeiden. Eine «Rationalisierung der Friedensfindung» (Franz Bosbach) und die Professionalisierung der Diplomatie waren die Folge. En passant bildete sich ein europäisches Völkerrecht heraus, in welchem das Verhältnis der europäischen Mächte untereinander geregelt wurde.

Im Hamburger Präliminarfrieden war unter anderem festgelegt worden, dass die Parteien in zwei Städten zeitlich parallel über dieselben Fragen diskutieren sollten. Dieser Modus, schon das Ergebnis eines längeren Aushandlungsprozesses, war nicht mehr zu ändern, erwies sich aber als kaum praktikabel. Der Versuch, sich zum Austausch von Informationen in der Mitte zwischen den beiden Städten zu treffen, scheiterte. Stattdessen besuchten sich die Gesandten gegenseitig, so dass man sich, je nach Verhandlungsgegenstand, mal in dieser, mal in jener Stadt aufhielt.

In Münster verhandelten die Gesandten des Kaisers, Frankreichs und Spaniens sowie der Vereinigten Provinzen der Niederlande. In Osnabrück standen die Gespräche der kaiserlichen Gesandten mit den Vertretern Schwedens und der protestantischen Reichsstände auf der Agenda, wobei hier vor allem in der letzten Verhandlungsphase alle Reichsverfassungs- und Religionsfragen diskutiert wurden. Entsprechend verlagerte sich das Verhandlungsgeschehen, und das kleinere und zunächst unbedeutendere Osnabrück lief Münster nun den Rang ab (Fritz Dickmann).

Um die eigenen Interessen zu vermitteln und durchzusetzen, bedurfte es zahlreicher Übersetzungsleistungen. Aber nicht nur mangelnde Sprachkompetenz, auch Unkenntnis der Verhandlungsführer konnte zu gravierenden Missverständnissen führen. Auf der anderen Seite bot bewusst eingesetztes Nichtwissen auch die Möglichkeit, einen Frieden herbeizuführen, wie Forschungen über Regelungen zur Amnestie gezeigt haben.

Die Sprache des amtlichen Schriftverkehrs war Latein, die mündlichen Verhandlungen wurden in Osnabrück in der deutschen Sprache geführt, in Münster verhandelte man in Latein, Französisch oder Italienisch. Insbesondere die Franzosen tendierten jedoch dazu, ihre Sprache auch im amtlichen Schriftverkehr zu verwenden – ein Vorzeichen der späteren Sprache der Diplomatie. Die aktuelle Forschung hat zudem die große Bedeutung der nonverbalen Kommunikation im Verhandlungsgeschehen in den Blick genommen. Bestimmte Gesten wie das Ziehen des Hutes oder auch demonstratives Lachen waren mitunter wichtigere Indikatoren für den Stand einer Verhandlung als die mündliche oder schriftliche Kommunikation.

Ursprünglich sollten in beiden Städten die Friedensverhandlungen durch Mediatoren geführt werden. Nachdem Dänemark aufgrund des dänisch-schwedischen Krieges als Vermittler nicht mehr in Frage kam, wurden in Osnabrück die Verhandlungen direkt zwischen den Parteien geführt. Bei schwierigen Verhandlungsgegenständen oder wenn die Verhandlungen zu scheitern drohten, traten verschiedene inoffizielle Vermittler auf den Plan. In Münster dagegen dominierte das Verfahren der Vermittlung. Nicht zuletzt deshalb herrschte hier das Prinzip der Schriftlichkeit vor, während in Osnabrück mündlich verhandelt wurde, was eine flexiblere Verhandlungsführung ermöglichte. Gerade in jüngster Zeit hat die Forschung betont, wie wichtig es für die Osnabrücker Verhandlungen war, dass Trauttmansdorff in den mündlichen Verhandlungen durch seine Persönlichkeit das kaiserliche Amt zur Geltung brachte (Konrad Repgen).

Die italienischen Vermittler Chigi und Contarini verstanden sich – wie schon der päpstliche Vermittler beim Kölner Kongress – nicht als Schiedsrichter, sondern als Übermittler der Vorschläge (Propositionen), die ihnen versiegelt überreicht wurden. Sie prüften diese und nahmen bei problematischen Inhalten Verhandlungen mit dem Verfasser der Vorschläge auf, um sie zu entschärfen, bevor man sie an die Gegenseite weitergab. Die Gegenseite musste offiziell antworten und benötigte die Rücksprache mit dem heimischen Hof, was die Verhandlungen aufgrund der Postwege in die Länge zog. Chigi und Contarini sollen über achthundert Einzelkonferenzen abgehalten haben (Fritz Dickmann). Eigene Vorschläge oder Initiativen unterbreiteten die Vermittler nicht, sondern sie bemühten sich um strikte Unparteilichkeit. Auch wenn die Forschung der Meinung ist, dass sie sich neutral verhalten haben, so zeigen die Quellen, dass den beiden Vermittlern mitunter Parteilichkeit unterstellt wurde. Und in der Tat konnte sich der päpstliche Gesandte Chigi in Religionsfragen nicht neutral verhalten. Nicht zuletzt aufgrund der Vorbehalte gegen die Vermittler wurden auch in Münster direkte Gespräche geführt, und es wurde sogar auf inoffizielle Vermittler zurückgegriffen, selbst wenn dies bezüglich des in Hamburg festgelegten Verhandlungsmodus vertragsrechtlich als problematisch galt. So kamen die Gesandten bei den spanisch-niederländischen Verhandlungen beispielsweise ohne Mediation aus. Die niederländischen Gesandten bemühten sich wiederum als Interpositoren bei den französisch-spanischen Verhandlungen. Die französischen und spanischen Gesandten trafen offiziell nie aufeinander. Nach 1648 hat die mediatorische Tätigkeit mehr und mehr an Bedeutung verloren; Geheim- wie Separatverhandlungen traten an deren Stelle.

Bei den zahlreichen Schriftstücken, die während der Verhandlungen produziert wurden und die mittlerweile zu einem großen Teil in den «Acta Pacis Westphalicae» ediert sind, muss zwischen offiziellen/verbindlichen und inoffiziellen/unverbindlichen unterschieden werden. Quellen ersten Ranges sind beispielsweise die kaiserlichen Korrespondenzen oder die kommentierten Akten, die sich in der Korrespondenz der Gesandten mit ihren heimischen Höfen finden. Sie geben detailliert den Verlauf der Verhandlungen wieder, bei denen zunächst Punkt für Punkt und später ganze Friedensentwürfe diskutiert wurden. Man ging nach der Grundregel allen Verhandelns «gradatim» vor, indem man «bei Angeboten von einem anfänglichen Minimum, bei Forderungen von einem anfänglichen Maximum» (Konrad Repgen) abrückte. Alle so erzielten Vereinbarungen geschahen unter Vorbehalt, so dass der Westfälische Frieden als eine Zusammenstellung von einzelnen über einen längeren Zeitraum verhandelten Verträgen anzusehen ist.

Bereits während der streng geheimen Verhandlungen wurden Informationen über Verhandlungsangebote oder den Verlauf der Verhandlungen durch verschiedene Medien gezielt in Umlauf gebracht. Aktuelle Nachrichten waren wertvoll, zumal der Krieg weiterging und Einfluss auf das Verhandlungsgeschehen hatte. Der Friedenskongress wurde zu einer großen Nachrichtenbörse (Christoph Kampmann).

Die Diarien einiger Gesandter, etwa von Lamberg oder Wolfgang Konrad von Thumbshirn geben zudem hervorragend Einblick in den Alltag der Kongressstädte und die subjektive Wahrnehmung des Verhandlungsgeschehens. Sie zeigen, wie sehr die Diplomaten um den Frieden rangen und wie groß die Bereitschaft war, sich auf diplomatisches Neuland zu begeben, wenn dies erfolgversprechend erschien. Beispielsweise orientierten sich die Reichsstände zunächst am kurialen Beratungsmodus des Reichstags und wollten nach den drei Kurien (Kurfürsten, Fürsten und Reichsstädte) verteilt auf die beiden Kongressstädte beraten und votieren. Bei der Behandlung der reichsreligionsrechtlichen Fragen zeigte sich aber, dass eine Beratung getrennt nach den Konfessionen in Münster und Osnabrück sinnvoller war. Es bildeten sich über die Kurien hinweg das Corpus Catholicorum in Münster und das Corpus Evangelicorum in Osnabrück heraus, welche die Kurien zwar nicht ablösten, aber überlagerten. Die 140 am Kongress vertretenen Reichsstände tagten in Kurien und den zwei konfessionellen Institutionen. Damit etablierte sich bereits während der Verhandlungen ein Grundprinzip der Behandlung von Glaubensfragen, das dann verfassungsrechtlich Eingang in den Westfälischen Frieden fand.

4. Kriegsziele und Friedensvorstellungen

Die meisten Kriegsparteien hatten weder einen eindeutigen Kriegsgrund noch klare Kriegsziele, die in formalen Kriegserklärungen formuliert worden waren. Die einzige richtige Kriegserklärung stammte von Ludwig XIII. von 1635 an Spanien wegen der Gefangennahme des mit Frankreich verbündeten Trierer Kurfürsten. Gegenüber dem Kaiser hatte Frankreich niemals offiziell den Krieg erklärt, auch der Kaiser beschränkte sich auf ein gegen Frankreich gerichtetes Kriegsmanifest, formalrechtlich keine Kriegserklärung, das 1636 jedoch im Namen des Königs von Ungarn und Böhmen erging. Gegenüber dem Reich sah sich Frankreich ebenfalls nicht im Krieg, vielmehr zielte die französische Rhetorik darauf ab, den Krieg als Kampf für das Reich und die ständischen Rechte, die «teutsche Freiheit», zu rechtfertigen. Schweden begründete seinen Eintritt in den Krieg 1630 erst im Nachhinein durch ein Kriegsmanifest. Damit befand sich Schweden mit dem Kaiser und Teilen des Reiches in einem ohne Kriegserklärung eröffneten Krieg. Der Kaiser sah sich dagegen in einem Verteidigungskrieg gegen Frankreich und Schweden, die sich aus seiner Sicht in die Angelegenheiten des Reiches einmischten. «Der Westfälische Frieden ist damit ein Friedensvertragswerk zwischen Mächten, die es vermieden hatten, sich überhaupt den Krieg zu erklären» (Anuschka Tischer).

Spanien und Schweden führten keinen Krieg miteinander, weshalb Spanien an den Osnabrücker Verhandlungen nicht beteiligt war. Auch zwischen den Generalstaaten sowie Kaiser und Reich gab es formell keinen Krieg, der durch einen Friedensschluss hätte beendet werden müssen. Die Forschung hat dementsprechend darauf hingewiesen, dass die Generalstaaten 1648 keinesfalls aus dem Reichsverband ausgeschieden sind: Im Westfälischen Frieden wird die staatsrechtliche Stellung der Vereinigten Provinzen der Niederlande mit keinem Wort erwähnt (Konrad Repgen).

Nicht nur die Zielvorgaben für die Friedensverhandlungen waren unklar, auch die Bündniskonstellationen erschwerten die Einigung. Spanische und kaiserliche Delegation gelangten gegenüber Frankreich zu keiner geschlossenen habsburgischen Kongresspolitik. Frankreich wiederum vermochte es nicht, mit den verbündeten Generalstaaten eine gemeinsame Linie gegenüber Spanien zu erwirken. Schweden musste bei seinen Verhandlungen Rücksicht auf die verbündeten protestantischen Reichsstände nehmen, während Frankreich gezwungen war, die schwedische Konfessionspolitik zu tolerieren, um die eigenen politischen Ziele gegenüber dem Kaiser durchsetzen zu können.

Zudem brachten es der Friedenskongress und die Ansammlung zahlreicher Vertreter europäischer Mächte mit sich, dass neben den eigentlichen Verhandlungsgegenständen einige offene rechtspolitische Fragen behandelt wurden, die mit dem Krieg nichts zu tun hatten, deren Lösung aber Bestandteil des Westfälischen Friedens wurde, etwa die Entlassung der Schweizer Eidgenossenschaft aus den Reichspflichten. Versuche der Städte Magdeburg und Osnabrück, als freie Reichsstädte anerkannt zu werden, scheiterten wiederum.

In Münster und Osnabrück ging es zudem um mehr als eine bloße Beendigung des Krieges. Jede Partei besaß Vorstellungen vom Frieden, bestimmt durch «Mindestbedingungen» (Christoph Kampmann), die sowohl für die Beendigung des Krieges als auch die Gestaltung einer «gerechten» Friedensordnung als zwingend angesehen wurden und an denen selbst in militärisch ausweglosen Situationen festgehalten wurde.

Verantwortlich dafür war das Ehrverständnis der Frühen Neuzeit. Die Ehre besaß hohen gesellschaftlichen Stellenwert und steuerte das politisch-dynastische Handeln der Herrschenden. Rang war mit einer entsprechenden Standesehre verbunden, die auf einem dem Adel zugrunde liegenden Normen- und Wertekatalog basierte. Im Zentrum stand das dynastische Streben nach politischem und territorialem Machterhalt bzw. nach einer Machterweiterung, was auch die Mehrung der Ehre bedeutete, nicht nur der individuellen Ehre, sondern auch der «äußeren Ehre» der gesamten Dynastie. Sie konnte nur durch politisches Handeln des Fürsten oder Monarchen im Mächtegefüge der Höfe generiert werden und zeigte sich in der Wahrnehmung durch andere Höfe. Ehrwürdigkeit zielte auf die eigenen Untertanen, die anderen Höfe, aber auch auf die Nachwelt.

In diesem Sinne ist auch die von allen Verhandlungsparteien aufgestellte Forderung nach einem «ehrenvollen Frieden» (pax honesta) zu verstehen, der das eigene Ansehen nicht schmälern durfte. Im Extremfall konnte eine einzelne Forderung für die eine Seite ehrenvoll, für die andere aber unannehmbar sein, weil sie mit Ehrverlust einherging. Um solch verfahrenen Situationen zu entkommen, wurde das Heil in der Regel in der Fortsetzung des Krieges gesucht in der Hoffnung, einen ehrenvollen Frieden erzwingen zu können. Die heutige Forschung sieht darin den Hauptgrund für die lange Dauer des Friedensprozesses, während man früher stärker auf die Komplexität des politischen, konfessionellen und militärischen Geschehens in Europa und die enge räumliche und dynastische Verflechtung mit Blick auf die Krisenherde verwies. Letztlich dürften alle Faktoren gemeinsam für die lange Dauer des Westfälischen Kongresses verantwortlich gewesen sein, der bis heute als «longest continuous peace conference in modern history» (Derek Croxton) gilt.

IV. Die zentrale Verhandlungsphase 1645 bis 1648

1. Der Krieg im Hintergrund

Dass ein dreißig Jahre dauernder Krieg nicht von heute auf morgen durch einen Friedensvertrag beendet werden konnte, ist verständlich. Verschiedene Faktoren trugen dazu bei, den Abschluss eines Friedens über viele Jahre hinzuziehen. Neben den divergierenden außenpolitischen Interessen und Kriegszielen, den bündnispolitischen Verwicklungen, den innenpolitischen Problemen der Kriegsparteien, den diplomatischen Gepflogenheiten und den durch das widersprüchliche Verhalten einzelner Gesandtschaften verursachten Unwägbarkeiten dürfte der militärischen Entwicklung eine zentrale Rolle zugekommen sein.

Zu keinem Zeitpunkt des Krieges wurde ein für alle geltender Waffenstillstand vereinbart, um in Friedensverhandlungen eintreten zu können. Selbst 1641, als die Präliminarien für einen allgemeinen Friedenskongress ausgehandelt wurden, ruhten die Waffen nicht. Vielmehr versuchte jede Kriegspartei, auf dem Schlachtfeld eine möglichst günstige Ausgangsposition für die Verhandlungen zu erkämpfen und zu wahren. Da keine der beteiligten Mächte in der Lage war, den Krieg militärisch zu entscheiden, wurde selbst in den letzten Verhandlungsphasen des Westfälischen Friedenskongresses ab 1645 weitergekämpft und militärisch Druck aufgebaut. Insofern besaß der Kriegsverlauf der letzten drei Jahre erheblichen Einfluss auf die Verhandlungen und umgekehrt.

Die Schweden drängten militärisch auf ein stärkeres gemeinsames Vorgehen mit den französischen Truppen, da ihr Vorstoß nach Wien im Anschluss an die erfolgreiche Schlacht bei Jankau gescheitert war und die Franzosen in der Schlacht bei Alerheim am 3. August 1645 trotz eines Sieges hohe Verluste gegen die kaiserlich-bayerischen Truppen erlitten hatten. Im Fokus der seit 1646 vereinten Armeen der ausländischen Kronen stand

Bayern, das sie bis zur Isar verwüsteten. Der bayerische Kurfürst, der weitere Verheerungen fürchtete und der für die Lösung der Pfalzfrage auf dem Friedenskongress die Unterstützung Frankreichs benötigte, trat im November 1646 in Verhandlungen mit Frankreich und Schweden ein. Im März 1647 wurde in Ulm ein Waffenstillstand geschlossen, in dem der langjährige und zuverlässigste Bündnispartner des Kaisers zu Neutralität verpflichtet und ihm jede Unterstützung des Kaisers untersagt wurde. Auch der Bruder des bayerischen Kurfürsten, der Kurfürst von Köln, und wenig später der Kurfürst von Mainz schlossen sich diesem Waffenstillstand an, so dass der Kaiser Anfang 1647 militärisch isoliert war.

In dieser Situation glaubten Frankreich und Schweden wieder allein agieren zu können. Insbesondere Frankreich wollte seine Truppen aus dem Reich abziehen und nach Flandern verlegen, um seine dort im spanisch-niederländischen Krieg gegen Spanien kämpfenden Streitkräfte zu stärken. Die überwiegend aus Söldnertruppen des inzwischen verstorbenen Feldherrn Bernhard von Sachsen-Weimar bestehenden Einheiten meuterten jedoch und begaben sich in schwedische Dienste. Gleichzeitig versuchten die Schweden, die kaiserlichen Streitkräfte in einer Entscheidungsschlacht in Böhmen niederzuringen, mussten den Feldzug jedoch im Herbst 1647 abbrechen. Ausschlaggebend war der Umstand, dass Bayern sich erneut mit dem Kaiser verbündete, da sich seine Hoffnungen auf einen Separatfrieden mit Frankreich nicht erfüllt hatten. Bayerische und kaiserliche Truppen wurden im Oktober 1647 in Böhmen wieder vereint und rückten den in den Nordwesten des Reiches abziehenden schwedischen Truppen bis in das mit Frankreich und Schweden verbündete Hessen-Kassel nach, wo sie sich 1647/48 ins Winterquartier begaben.

Nach diesen militärischen Erfahrungen wollten Frankreich und Schweden 1648 wieder gemeinsam vorgehen, zumal Frankreich durch den im Januar 1648 beendeten spanisch-niederländischen Krieg entlastet war. Die von den seit April/Mai 1648 vereinten französisch-schwedischen Streitkräften bei Zusmarshausen gesuchte Entscheidungsschlacht gegen die kaiserlich-bayerischen Truppen brachte nicht den gewünschten Sieg. Auch der im Spätsommer 1648 über Bayern und Böhmen geführte Angriff auf die österreichischen Erblande, die Machtbasis der österreichischen Habsburger, blieb nach anfänglichen Erfolgen stecken. Bayern wurde erneut verwüstet, aber Prag konnte nicht erobert werden und wurde belagert. Der Feldzug 1648 bewies zwar die militärische Überlegenheit der ausländischen Kronen, zeigte aber auch den hartnäckigen Widerstand der bayerisch-kaiserlichen Truppen. Letzten Endes wurde der Krieg auf dem diplomatischen Parkett beendet.

2. Verhandlungsziele

Eröffnet wurden die Verhandlungen mit den zweiten Propositionen Schwedens und Frankreichs, die in langen Vorverhandlungen mit den Reichsständen unter Führung von Hessen-Kassel und Braunschweig-Lüneburg abgestimmt worden waren und den kaiserlichen Gesandten am 11. Juni 1645 überreicht wurden. Separate Friedensverhandlungen sollten keine Option mehr sein. Frankreich und Schweden wussten, dass ihre starke Verhandlungsposition aus dem gemeinsamen Auftreten resultierte. Es gab jedoch unüberbrückbare Gegensätze zwischen ihnen, die für die Gegenseite nicht zu einem Angriffspunkt werden durften. Die Differenzen wurden deshalb durch vage Formulierungen kaschiert.

Im Vordergrund der Propositionen standen die Angelegenheiten des Reiches. Amnestie und Restitution bezeichnen die wichtigsten Forderungen auf das Reich bezogen, während Satisfaktion die Ansprüche Frankreichs und Schwedens kennzeichnet. In der schwedischen Proposition, die auch im Namen der Reichsstände übergeben wurde, findet sich in der Einleitung als Ziel die Wiederherstellung der friedlichen Eintracht im Reich. Die Forderungen werden als für den Frieden notwendige Maßnahmen angesehen. In allgemeinen Formulierungen werden die Satisfaktionsforderungen Schwedens für die im Krieg erlittenen Verluste und Opfer genannt, auch an die Entschädigung der Verbündeten war gedacht worden. Frankreich tat sich schwerer, entsprechende Forderungen zu stellen; es hatte sein Eingreifen ins Reich immer damit begründet, die bedrohte deutsche Freiheit zu verteidigen, ohne territoriale Forderungen zu erheben. Die «schuldige» Satisfaktion wurde in der französischen Proposition nur beiläufig erwähnt und mit den Mühen, Verlusten und Ausgaben im Krieg begründet. Frankreich und Schweden hatten sich längst über ihre territorialen Ansprüche verständigt. Schweden hatte hauptsächlich Pommern im Blick und Frankreich vor allem das Elsass, was es de facto schon in Besitz genommen hatte. Die beiden Kronen scheuten sich jedoch, ihre territorialen Ansprüche konkret zu benennen, fürchteten sie doch, dass sich die Reichsstände aus Enttäuschung wieder hinter den Kaiser stellen würden. Deshalb sollten die Probleme des Reichs im Vordergrund stehen. Dass Frankreich darüber hinausgehende Interessen verfolgte, zeigt sich an einer Sonderbedingung der französischen Proposition, nach der der Kaiser versprechen sollte, Spanien nach Friedensschluss nicht mehr zu unterstützen. Frankreich sah seine Sicherheit nur durch die Zerschlagung des habsburgischen Bündnisses gewährleistet.

Frankreich und Schweden forderten mit Blick auf das Reich Amnestie und Restitution, was durchaus als ungewöhnlich anzusehen ist, da beides die Reichsstände betraf, die gegen den Kaiser als ihren Lehnsherrn und Oberhaupt des Reiches gekämpft hatten. Es ging um die allgemeine und unbeschränkte Amnestie aller Taten seit Kriegsbeginn 1618. Die Zeit vor dem böhmischen Aufstand sollte der ideale Friedenszustand sein, den es wiederherzustellen galt. Eigens genannt wurden in der schwedischen Proposition deshalb die Amnestie der böhmischen Stände und des Hauses der pfälzischen Kurfürsten, aber auch Württembergs und Badens. Die Franzosen vermieden es, von der Wiederherstellung des Zustands von 1618 in geistlichen und weltlichen Dingen zu sprechen. Dies verweist auf den religionspolitischen Gegensatz zwischen den Kronen. Ähnlich wollte Schweden die reformierten Reichsstände ausdrücklich in den Schutz des Religionsfriedens einbeziehen. Sie sollten wie alle anderen Reichsstände auf der Basis des Amnestiejahres 1618 in ihre Besitzstände wieder eingesetzt werden, was eine indirekte

Anerkennung als gleichberechtigte Konfession bedeutete. Damit wurde auch die Pfalzfrage berührt, bei der Schweden die Rückgabe der pfälzischen Kurwürde und Territorien an den Sohn von Friedrich V. favorisierte, der Frankreich aus Rücksicht auf Bayern, mit dem es in Geheimverhandlungen stand, nicht zuzustimmen gedachte. Um schon im Vorfeld der Verhandlungen Konfrontationen unter den Verbündeten zu vermeiden, beließ man es bei der allgemeinen Forderung, im Zusammenhang mit den Friedensverhandlungen die offenen religionspolitischen Fragen des Reichs klären zu wollen.

In Bezug auf die Verfassungsfragen des Reiches signalisierten beide Kronen in den Propositionen Einigkeit. Im Zentrum stand die Wiederherstellung der «teutschen Libertät», also die Stärkung und Sicherung der verfassungsmäßigen Rechte der Reichsstände, was eine Schwächung der kaiserlichen Macht implizierte. Alle wichtigen Belange des Reiches wie die Entscheidung über Krieg und Frieden, Bündnisse und Verträge, Gesetzgebung, militärische Sicherung, Steuerbewilligung oder Achterklärung gegen Reichsstände sollten durch einstimmigen Beschluss der Reichsstände erfolgen. Es ist nicht von Souveränität der Landesherren die Rede, lediglich das Bündnisrecht wird für die Reichsstände gefordert. Die einzige Neuerung bezog sich auf die Wahl des römischen Königs, die nicht mehr zu Lebzeiten des Kaisers, sondern erst nach dessen Tod erfolgen sollte. Sie entsprach dem Wunsch Frankreichs.

Gemeinsam forderten sie einen gesicherten Frieden. Wie er auszusehen hatte, blieb unklar. Während die Franzosen an einem europäischen Sicherheitssystem interessiert waren, fokussierten sich die Schweden auf die Sicherung des Friedens im Reich, forderten innenpolitisch nur die Bindung des Kaisers an die Stände und das Gleichgewicht der Konfessionen; die Kronen sowie die Gesamtheit der Reichsstände sollten bei Verletzungen des Friedens auf Ansuchen des Geschädigten gegen den Friedensstörer militärisch vorgehen.

Doch zunächst musste die Zulassung der Reichsstände geklärt werden, bis die kaiserliche Seite auf die Propositionen antwortete. In der sich verschärfenden militärischen Situation hoffte der Kaiser auf ein vereintes Vorgehen mit den Reichsständen gegen die ausländischen Kronen. Nicht zuletzt deshalb stimmte er am 29. August 1645 zu, die Reichsfürsten und Reichsstädte an den Friedensverhandlungen zu beteiligen. Sie wurden deshalb auch in die Verhandlungen über die kaiserlichen Gegenvorschläge (Responsionen) einbezogen, die ihnen zur Begutachtung am 25. September 1645 vorgelegt wurden. Der Kaiser war empört über die Propositionen von Frankreich und Schweden. Diese hatten die als erledigt geltenden Punkte des Prager Friedens wieder zur Disposition gestellt. Insbesondere die Festlegung von Amnestie und Restitution auf 1618 war aus kaiserlicher Sicht ein Affront, da der böhmische Aufstand und die darauffolgenden Ereignisse als innere Angelegenheiten des Reiches betrachtet wurden, bei denen die auswärtigen Kronen kein Mitspracherecht beanspruchen konnten. Der Kaiser antwortete, dass die auf dem Regensburger Reichstag von 1641 gefundene Amnestieregelung ausreichend sei und nun in Kraft treten solle. Entgegen den Satisfaktionsforderungen der beiden Kronen war der Kaiser der Meinung, dass er mehr Ansprüche auf Entschädigung habe als Frankreich oder Schweden, er diese aber gewähren werde, wenn die Reichsstände zustimmten. Er forderte die Kronen zur Konkretisierung ihrer Satisfaktionsforderungen auf. Den meisten reichsverfassungsrechtlichen Forderungen stimmte der Kaiser zu, handelte es sich doch im Prinzip um die Wiederherstellung althergebrachter ständischer Mitspracherechte. Dazu gehörte das ständische Mitwirkungsrecht bei Friedensschlüssen, aber auch das Bündnisrecht, allerdings mit der Einschränkung, dass sich die Bündnisse nicht gegen Kaiser und Reich richten durften. Kategorisch abgelehnt wurde die Forderung, Wahlen zum römischen König nicht mehr zu Lebzeiten des Kaisers durchzuführen, was die habsburgischen Ansprüche auf den Kaisertitel geschwächt hätte. Über diese Frage sollte – auf Vorschlag der Reichsstände – auf einem künftigen Reichstag verhandelt werden; weder der Kaiser noch die Reichsstände hatten letztlich Interesse an einer Änderung des Wahlmodus. Von einer grundsätzlich kaiserfeindlichen Einstellung der Reichsstände kann in dieser Phase keine Rede sein.

Damit waren die verfassungsrechtlichen Regelungen – für die Nachwelt der Stein des Anstoßes am Westfälischen Frieden – im Prinzip schon seit Sommer 1645 geklärt. Sie spielten in den Verhandlungsphasen ab Herbst 1645 keine wesentliche Rolle mehr. Zu intensiven Beratungen kam es im Prinzip nur noch über den Unterhalt und die Sicherheit des in Speyer angesiedelten Reichskammergerichts, das durch die französische Besatzung und die ausbleibenden Kammerzieler (Reichssteuer) in seiner Existenz gefährdet war. Ins Zentrum der ab Herbst 1645 geführten Verhandlungen rückten die religionsverfassungsrechtlichen Forderungen der Reichsstände, da sich der Kaiser in seinen Responsionen an die Kronen bereit erklärt hatte, diese im Zusammenhang mit den Friedensverhandlungen zu behandeln. Den Reformierten versprach er die Aufnahme in den Religionsfrieden.

3. Die Verhandlungen

Da bestimmte Zulassungsmodalitäten noch nicht geklärt waren, baten die reichsständischen Vertreter die kaiserlichen Gesandten, die Responsionen des Kaisers an die beiden Kronen zunächst ohne ihr Gutachten zu übergeben, was am 16. Oktober 1645 in Münster und am 22. Oktober 1645 in Osnabrück geschah. Am 27./28. April 1646 stimmten die Reichsstände in getrennten Gutachten den meisten kaiserlichen Verfassungsvorstellungen zu. Damit war für alle Parteien das Signal zum Verhandlungsbeginn gegeben.

Ferdinand III. schickte seinen vertrautesten politischen Berater und Diplomaten Maximilian von Trauttmansdorff nach Münster, der ihm schon bei den Verhandlungen zum Prager Frieden hervorragende Dienste geleistet hatte. Mit seinem Eintreffen in Münster im November 1645 begann die entscheidende erste Phase. In ihr mussten sich die Parteien von der Idee eines Universalfriedens unter Einbeziehung sämtlicher Mächte und der Vorstellung kollektiver Sicherheit für alle verabschieden. Die Verhandlungen zwischen Spanien und den Generalstaaten konnten zwar im Mai 1648 abgeschlossen werden, aber die Verhandlungen zwischen Frankreich und Spanien scheiterten an der Portugalfrage und daran, wie mit dem Herzog von Lothringen zu verfahren sei. So zeichnete sich ab, dass es auch für das Reich einen separaten Friedensschluss geben würde.

Die Forschung unterteilt die Verhandlungen über die Reichsangelegenheiten in zwei Zeiträume. Im ersten, November 1645 bis Juli 1647, dominierte der kaiserliche Gesandte Trauttmansdorff das Kongressgeschehen. In dieser wichtigsten Verhandlungsphase des gesamten Kongresses wurden mit Blick auf das Reich bereits fast alle Konfliktfelder geregelt, ohne dass es zu einem Friedensschluss kam. Zunächst konnte Trauttmansdorff in Verhandlungen mit den beiden Kronen über ihre Satisfaktionsforderungen entscheidende Fortschritte erzielen. Vor dem Hintergrund des Ulmer Waffenstillstands von März 1647 und der militärischen Notlage des Kaisers im Sommer 1647 erhielt Trauttmansdorff weitreichende Verhandlungsvollmachten mit dem Ziel, den Krieg so schnell wie möglich zu beenden. Durch zahlreiche bilaterale Verhandlungen erreichte er eine Reihe von Zwischenergebnissen, die in der ersten Hälfte von 1647 auf Wunsch der Schweden in Friedensvertragsentwürfen, den sogenannten Trauttmansdorffiana, festgehalten und ab da als Gesamtes diskutiert wurden. Der Frieden schien zu diesem Zeitpunkt in greifbarer Nähe. Letztlich stießen die Entwürfe aber auf heftigen Widerstand von mehreren Seiten, so dass der Prinzipalgesandte keine Möglichkeit eines Friedensschlusses mehr sah und den Kongress im Juli 1647 verließ. Seine Abreise führte zu einer Krise des Kongresses und markiert das Ende des ersten Verhandlungsabschnitts.

Neue Dynamik gewannen die Friedensverhandlungen im zweiten Zeitraum, August 1647 bis Oktober 1648, zum einen durch die Aufkündigung des Ulmer Waffenstillstands durch Kurköln am 15. August 1647 und die Rekonjunktion Bayerns mit dem Kaiser im September/Oktober 1647. Dadurch verbesserte sich die militärische Lage der kaiserlichen Seite zwar wieder, Kurfürst Maximilian legte den Kaiser aber öffentlich auf einen schnellen Abschluss des Friedens im Reich fest. Zum anderen übernahm ab Frühjahr 1648 die Dritte Partei der kompromissbereiten Reichsstände die Verhandlungsführung, welche auf der Basis der Trauttmansdorffiana die offenen Fragen und umstrittenen Punkte in mühsamen Verhandlungen klärte und die beiden Friedensinstrumente zur Unterschrift brachte.

November 1645 bis Juli 1647

Satisfaktion Wichtig war es aus Sicht des Kaisers, die vielen in der Zwischenzeit neutral gewordenen Reichsstände wie Kurbrandenburg, Kurtrier oder seit September 1645 auch Kursachsen auf seine Seite zu ziehen, um vereint gegen Frankreichs und Schwedens Forderungen vorgehen zu können. Er wollte sich auf diese Verhandlungen konzentrieren und tendierte – in Abkehr von seiner Position von 1629 – dazu, die noch offenen Punkte der Reichsverfassung und die religionsverfassungsrechtlichen Fragen von den Reichsständen unter sich ausmachen zu lassen. Während die protestantischen Reichsstände Ende 1645 ihre Gravamina für die religionsverfassungsrechtlichen Verhandlungen zusammenstellten, drehten sich also die Verhandlungen 1646 vor allem um die Satisfaktionsforderungen von Frankreich und Schweden.

Ende 1645 klärten die Kronen auf kaiserliche Aufforderung hin ihre territorialen Forderungen und legten diese in ihrer mündlich vorgetragenen Antwort auf die kaiserlichen Responsionen am 7. Januar 1646 offen. Schweden beanspruchte Pommern mit Kammin, die in Mecklenburg gelegene Hansestadt Wismar mit Poel und Walfisch und die gerade von ihnen eroberten Hochstifte Bremen-Hamburg und Verden. Darüber hinaus wollte es mit den von ihm besetzten geistlichen Gütern die von seinen Satisfaktionsforderungen betroffenen Reichsstände entschädigen. Gegenüber Frankreich hatte man in diesem Zusammenhang bereits die Stifte Magdeburg, Halberstadt, Minden und Osnabrück sowie Schlesien genannt. Dass Schweden ganz Pommern fordern würde, kam nicht überraschend, war dies doch schon seit den dreißiger Jahren Gegenstand separater Friedensverhandlungen gewesen und hatte zu heftigem Widerstand Kurbrandenburgs geführt, das erbrechtliche Ansprüche auf Pommern besaß; ohne eine angemessene Entschädigung (Rekompens) war an einen Verzicht Brandenburgs auf dieses Territorium nicht zu denken. Die darüber hinausgehenden Forderungen Schwedens auf die geistlichen Güter stellten auch für Frankreich eine Überraschung dar, das sich zur Entfremdung weiteren katholischen Kirchenguts nicht bereit erklärte. Ein neuer Gegensatz zwischen den Kronen zeichnete sich ab.

Problematisch waren auch die territorialen Forderungen Frankreichs, zumal kaum eine der Parteien damit gerechnet hatte. Offiziell hatte es immer erklärt, nur in den Krieg eingetreten zu sein, um die «teutsche Libertät» zu verteidigen. Satisfaktionsforderungen konnten deshalb nur mit dem Aufwand für den Krieg begründet werden und sollten zu Lasten der Habsburger, nicht der Reichsstände gehen. Das betraf vor allem den Rhein und dessen Sicherung durch einige strategische Festungen. Frankreich beanspruchte als Satisfaktion den habsburgischen Besitz im Ober- und Unterelsass, im Sundgau und im Breisgau, dort insbesondere Breisach und die Waldstädte, sowie eine dauerhafte Überlassung der ebenfalls strategisch bedeutenden Festung Philippsburg, die zum Fürstbistum Speyer gehörte, das von dem Trierer Erzbischof Philipp von Sötern regiert wurde. Diese Gebiete sollten zu einem Reichslehen zusammengefasst und an den französischen König verliehen werden, der auf diese Weise Sitz und Stimme auf dem Reichstag und damit politische Mitspracherechte im Reich hätte beanspruchen können. Diese Forderung ignorierte jedoch, dass neben den Habsburgern zahlreiche andere Reichsstände Reichslehen in den von Frankreich beanspruchten Gebieten besaßen, deren Rechte damit hätten gefährdet sein können. Der Anspruch Frankreichs auf die habsburgischen Territorien im Südwesten des Reiches bedeutete das Ende der Spanischen Straße und damit eine mögliche Verschiebung innerhalb des europäischen Mächteverhältnisses. Weniger problematisch war dagegen die französische Forderung, die Bistümer Metz, Toul und Verdun als souveräne Territorien zu erhalten, die formalrechtlich zwar noch zum Reich gehörten, aber schon seit längerem von Frankreich in Besitz genommen worden waren.

Frankreich und Schweden hatten damit ihre Maximalforderungen offengelegt. Es lag nun an Trauttmansdorff, in Verhandlungen zu gehen. Die Reichsstände waren sich grundsätzlich uneins darüber, ob das Reich den beiden Kronen Satisfaktion leisten sollte, und votierten Ende Februar/Anfang März 1646 widersprüchlich. Damit war Trauttmansdorffs ursprünglicher Plan, Kaiser und Reichsstände zu einen, um Frankreich und Schweden geschlossenen Widerstand entgegenzusetzen, schon im Ansatz gescheitert. Spanien, das sicherlich das größte Interesse am Erhalt der Spanischen Straße hatte, war jedoch nicht zu Konzessionen gegenüber Frankreich zu bewegen. Vielmehr hoffte der spanische Gesandte Peñaranda, durch einen schnellen Friedensschluss mit den Generalstaaten Kräfte freizusetzen, um Frankreich militärisch unter Druck setzen zu können. Spanien wünschte also keinen schnellen Friedensschluss des Kaisers mit Frankreich, weshalb Peñaranda Trauttmansdorff immer wieder zur Verzögerung der kaiserlich-französischen Verhandlungen aufforderte.

Die Gesandten der Generalstaaten trafen als letzte große Verhandlungsmacht erst am 11. Januar 1646, also nach Vortrag der zweiten Propositionen der Kronen, in Münster ein. Der Frieden zwischen Spanien und den Generalstaaten konnte also nicht so schnell wie erhofft und erwartet zustande kommen. Zwar verliefen die Gespräche zügig, aber Frankreich wollte dem spanisch-niederländischen Frieden zuvorkommen und setzte den Kaiser durch Kurbayern unter Druck. Der bayerische Kurfürst, der befürchtete, von den Franzosen und Schweden völlig überrannt zu werden, und sich deshalb in Geheimverhandlungen mit Frankreich befand, drängte den Kaiser zur Annahme der französischen Forderungen. Außerdem brauchte er die Unterstützung Frankreichs in der Pfalzfrage, damit er und seine Nachkommen im Besitz der pfälzischen Kurwürde und Territorien bleiben konnten.

Trauttmansdorff war also weitestgehend auf sich gestellt. Er hatte aber den Vorteil, mit dem Gesandten Isaac Volmar, der aus der vorderösterreichischen Verwaltung kam, einen ausgezeichneten Juristen und Spezialisten für das Elsass in den eigenen Reihen zu haben, während sich die Franzosen erst mühsam Kenntnisse über die komplizierten Verhältnisse im Elsass aneignen mussten. Angesichts der Schwierigkeiten versuchte Trauttmansdorff, in wechselnden bilateralen Gesprächen über zentrale Einzelfragen vorläufige Ergebnisse zu erzielen, mit denen er den Druck auf den nächsten Verhandlungspartner erhöhte (Christoph Kampmann). Dabei erwies er sich als äußerst geschickt, stand aber auch aufgrund des für die kaiserliche Seite katastrophal verlaufenden Feldzugs von 1646 mit dem Rücken zur Wand.

Nachdem erste Sondierungsgespräche mit Frankreich gescheitert waren, trat Trauttmansdorff im Januar/Februar 1646 mit den Schweden in Osnabrück in Verhandlung. In einer streng geheimen Vereinbarung gelangte er Ende Februar 1646 zu einer vorläufigen Übereinkunft, in der Schweden Vorpommern mit Kammin, Wismar und das Stift Verden als Reichslehen zugestand; Schlesien und die geistlichen Stifte standen für den Kaiser nicht zur Disposition. Eine endgültige Einigung machte Schweden von der Zustimmung Kurbrandenburgs abhängig, das entsprechend entschädigt werden musste. Die Idee einer Teilung Pommerns stand bereits im Raum. Dass Schweden in dieser wichtigen Phase der Verhandlungen unentschieden auftrat, hing mit internen Machtkämpfen zwischen den Anhängern der friedenswilligen Königin Christina und der Kriegspartei um den Kanzler Oxenstierna zusammen. Zunächst setzte sich die Kriegspartei durch und erreichte, dass die kaiserliche Seite im Mai 1646 ganz Pommern, Wismar, Bremen und Verden zugestand, allerdings erneut ohne die Zustimmung Kurbrandenburgs. Die Verhandlungen mit den Schweden kamen ins Stocken. Auch eine Einigung mit den protestantischen Reichsständen rückte damit in die Ferne, so dass sich Trauttmansdorff wieder auf die im März 1646 aufgenommenen Verhandlungen mit Frankreich konzentrierte. Dies gab dem Kongressgeschehen eine neue Wendung.

Zwischen März und Juni sowie im August/September 1646 kam es zu den entscheidenden Gesprächsrunden mit den französischen Gesandten in Münster. Da die Situation für den Kaiser äußerst ungünstig war, beauftragte er seinen Prinzipalgesandten am 2. März 1646, mit Frankreich in erster Linie über das Elsass zu verhandeln, und gestand ihm dabei großen Spielraum zu. Die Verhandlungen begannen schließlich am 28. März, mündeten bis Anfang Juni 1646 in verschiedene Erklärungen und Gegenerklärungen, stockten dann aber bis Ende August. Am 31. August 1646 wurde die zweite Verhandlungsrunde eröffnet, nachdem der Kurfürst von Trier und der Kurfürstenrat sich bereit erklärt hatten, den Franzosen Philippsburg auch in Friedenszeiten zu überlassen. Nach intensiven Verhandlungen wurden im September 1646 Satisfaktionsartikel (September-Artikel) vereinbart, welche später in das Friedensinstrument von Münster (IPM) eingingen.

Im Zentrum der Auseinandersetzung standen vor allem das Elsass und Breisach, wobei Trauttmansdorff darauf zu achten hatte, möglichst wenig habsburgisches Territorium zu opfern. Zunächst bot er den französischen Gesandten linksrheinische Gebiete an, die nicht ausschließlich in vorderösterreichischem Besitz waren. Rechtsrheinische Territorien und Breisach sollten aus Sicht des Kaisers auf keinen Fall zur Disposition stehen. Frankreich hatte vor allem an den rechtsrheinischen Festungen Breisach und Philippsburg als Rheinübergängen Interesse und sah im Elsass nur einen Zugangsweg zu den Festungen. Deshalb blieb es unnachgiebig, so dass Trauttmansdorff gezwungenermaßen und weil er einen Separatfrieden Frankreichs mit Bayern befürchtete, in der Letzten Erklärung (Postrema Declaratio) vom 29. Mai 1646 auch Breisach zugestand. Insgesamt umfasste das Angebot die Bistümer Metz, Toul und Verdun, wobei die Rechte der Kapitel erhalten bleiben sollten, die Stadt Metz, die Festungen Moyenvic und Pinerolo, den Sundgau, die Landgrafschaft Oberelsass und die Reichsvogtei Unterelsass sowie am Oberrhein Breisach.

In die kaiserliche Erklärung fand eine Regelung Eingang, die den zur Disposition stehenden Gebieten eine neue Qualität verlieh. Sie sollten keine Reichslehen mehr sein, sondern an die bourbonische Königsfamilie als freies und «souveränes» Eigentum abgetreten werden. Das bedeutete ihre völlige Lösung vom

Reich. Warum dies geschah und welche Absichten damit verbunden waren, wird bis heute kontrovers diskutiert. Man vermutet, dass der Kaiser Frankreich – im Unterschied zu Schweden – nicht als Reichsstand auf dem Reichstag gegenübertreten und ihm keine Kontrolle über die Reichspolitik ermöglichen wollte. Sonst wären sogar die Wahl des französischen Königs zum römischen König und seine Ernennung zum Kaiser angesichts der Machtverhältnisse im Reich denkbar gewesen. Allerdings konnte der französische König als souveräner Herrscher in seinen neuen Territorien eine stärkere Rolle einnehmen. Als Lehensnehmer hätte er das Herkommen und die vielen Rechte der Landstände und der anderen Reichsunmittelbaren akzeptieren und im Streitfall den Kaiser als höchsten Richter anerkennen müssen. Frankreich nahm das kaiserliche Angebot trotz nachhaltiger Skepsis in den eigenen Reihen an.

Als problematisch erwies sich die Verwendung des im Französischen gebräuchlichen Begriffs der «souveraineté», der im Reichsverfassungsrecht nicht verankert war. Was bedeutete das für die Reichsunmittelbarkeit der Territorialherren, die nichthabsburgische Gebiete im Ober-, aber vor allem im Unterelsass als Reichslehen besaßen? In die Declaratio vom 29. Mai 1646 wurde deshalb eine Klausel zum Schutz aller geistlichen und weltlichen Reichsunmittelbaren im Elsass eingefügt. Sie sollten weiterhin reichsunmittelbar bleiben und in ihren Rechten nicht eingeschränkt werden.

Desweiteren verlangte Trauttmansdorff eine weitgehende Annäherung Frankreichs an die kaiserliche Position bezüglich der Amnestieregelung, der Pfalzfrage und der Satisfaktion von Schweden, Brandenburg und Hessen-Kassel sowie die Einbeziehung Spaniens in den Frieden und die Zulassung Lothringens zum Friedenskongress. Frankreich erkannte den lothringischen Herzog Karl IV. nicht an, weil dieser aus französischer Sicht unrechtmäßig die Macht ergriffen hatte und trotz militärischer Niederlage und Verzichtserklärungen auf das Herzogtum weiterhin gegen Frankreich kämpfte.

Die Franzosen zeigten sich mit der angebotenen Satisfaktion zufrieden, verlangten aber Konkretisierungen in Bezug auf die

lothringischen Städte und Bistümer Metz, Toul und Verdun
sowie das Elsass; mit der Zeit war ihnen klar geworden, wie
schwierig die rechtliche Gemengelage dort war. Frankreich
wollte außer den österreichisch-habsburgischen Rechten die
des Kaisers als Reichsoberhaupt im Elsass übernehmen. Damit
beanspruchte es im Prinzip das gesamte Elsass. Das betraf die
Rechte des Reichs unmittelbar und konnte nicht mit der Satisfaktion durch habsburgische Gebiete und Rechte gerechtfertigt
werden.

Auch hinsichtlich Metz, Toul und Verdun wollte Frankreich
das kaiserliche Angebot deutlich ausweiten, indem man nicht
nur die Rechte im weltlichen Herrschaftsgebiet der Hochstifte
forderte, sondern alle Rechte des Reichs im gesamten Diözesan-
bereich, der deutlich größer war als der weltliche Herrschafts-
bereich. Die vom Kaiser ausgeübte Lehnshoheit sollte an Frankreich übergehen, gleichzeitig sollten die drei Bistümer aus der
Reichskirche herausgelöst und dem französischen Konkordat
unterstellt werden. Nicht nur der päpstliche Vermittler Chigi
versuchte, die kirchlichen Rechte in den genannten Bistümern
zu schützen, auch Trauttmansdorff hoffte durch eine entsprechende Formulierung die französischen Ansprüche auf die
Hochstifte zu beschränken. Als Kompromissformulierung wurde
von «Bistumsbezirk» gesprochen, der sowohl Hochstift wie
Diözese bedeuten konnte. Für die dort befindlichen Reichsunmittelbaren wurde ebenfalls eine Schutzklausel eingefügt, um
ihre Rechte zu garantieren.

Im Juni 1646 weilte Trauttmansdorff wegen der schwierigen
Verhandlungen über die Reichsreligionsverfassung in Osnabrück. Die Franzosen warteten auf das Ergebnis der Diskus-
sion über ihr Bleiberecht in Friedenszeiten in Philippsburg. Erst
als in dieser Frage ein für Frankreich positives Votum vorlag,
gingen die Verhandlungen am 31. August mit einem neuen
kaiserlichen Vertragsentwurf weiter, der durch ein französisches
Gegenprojekt beantwortet wurde.

Am 13. September 1646 verständigten sich beide Parteien in
den bereits genannten September-Artikeln; sie sollten nur bis
Ende des Monats gültig sein und wurden aus Rücksicht auf

die noch offenen Satisfaktionsforderungen der Schweden nicht unterschrieben. Später bildeten sie die Basis des Friedensinstruments von Münster (IPM). Insbesondere der § 87 des IPM, der den französischen König dazu verpflichtete, die geistlichen und weltlichen Stände im Ober- und Unterelsass in ihrer Reichsunmittelbarkeit zu erhalten, wurde hier bereits festgelegt. Da die Formulierung als vage wahrgenommen wurde, hatten einige Reichsstände darauf gedrängt, namentlich genannt und in den Schutzparagraphen aufgenommen zu werden. Die Franzosen befürchteten nun, dass die Reichsstände die dem französischen König übertragenen Souveränitätsrechte einschränken würden, und suchten nach Formulierungen in den Abtretungsbestimmungen, welche die Schutzklausel unterliefen. So wurde Souveränität nun mit «ius supremi dominii» umschrieben. Alles, was an Frankreich abgetreten wurde, sollte aus dem Reichsverband ausscheiden und der französischen Krondomäne inkorporiert werden. Damit veränderte sich auch der Rechtsstatus dieser dem dominium unterworfenen Gebiete, in denen nicht mehr das Recht des Reiches, sondern das für die französischen Krondomänen gelten sollte. Die Schutzklausel für die Reichsstände wurde dementsprechend geändert, indem die Bestandsgarantie für die Reichsstände dem königlich-französischen supremum dominium nachgeordnet wurde. Durch die Schutzklausel sollte das dem französischen König übertragene Recht des supremum dominium keinesfalls geschmälert werden. Da im Streitfall der Gerichtsstand des Reiches nicht in Frage kam, blieb offen, wie diese Konflikte zu klären sein sollten. Der Status der Reichsunmittelbaren im Elsass hing demnach künftig in hohem Maße von der jeweiligen politischen Konstellation und der Frage ab, wer der Stärkere war und damit Definitionshoheit beanspruchen konnte.

Die September-Artikel können als bedeutender Erfolg für Frankreich gewertet werden, denn es erhielt nicht nur die lothringischen Bistümer und Städte sowie das Elsass mit entsprechenden Souveränitätsrechten, sondern mit Breisach auch die wichtigste Festung am Oberrhein sowie ein Besatzungsrecht für Philippsburg. Der nächste Reichstag sollte die vom Kaiser abgetretenen Rechte bestätigen. Ferdinand III. stellte sogar in Aussicht, die Spanier dazu zu bewegen, auf die von ihnen beanspruchten Rechte im Elsass zu verzichten.

Wie wichtig dem Kaiser jedoch seine Ehre war, zeigt sich daran, dass er von den Franzosen Gegenleistungen einforderte. Für die Abtretung des Elsass wurden drei Millionen Reichstaler vereinbart, ein Großteil der Schulden, der auf den habsburgischen Territorien im Elsass lastete, wurde erlassen, und die Franzosen verzichteten auf den habsburgischen Besitz im Breisgau und die Waldstädte.

Trotz der Zugeständnisse an den Kaiser besaß Frankreich nun eine ausgezeichnete Position. Seine Forderungen waren als Erste erfüllt worden. Der Vorvertrag konnte zwar jederzeit ergänzt oder verändert werden, aber angesichts der militärischen Entwicklung bestand kaum eine Gefahr, dass hinter die einmal gemachten Zugeständnisse wieder zurückgegangen würde. Frankreich konnte sich jetzt in die parallel stattfindenden Verhandlungen über die schwedischen Satisfaktionsforderungen und das Reichsreligionsrecht sowie andere Reichsangelegenheiten einschalten.

Das Verhandlungsgeschehen verlagerte sich wieder nach Osnabrück. Schweden erlaubte seinen Gesandten am 29. September 1646 aus Angst, den Krieg mit seinen begrenzten Mitteln allein fortführen zu müssen, von der Forderung auf ganz Pommern abzurücken und Brandenburg einen Großteil von Hinterpommern zu überlassen. Zudem sollte der Kurfürst durch säkularisiertes Reichskirchengut aus dem Niedersächsischen Reichskreis entschädigt werden. Im Winter 1646/47 gelang durch Vermittlung Frankreichs eine Annäherung zwischen dem Kaiser, Schweden und Brandenburg: die Teilung Pommerns wurde akzeptiert, die genaue Grenzziehung und die Modalitäten der Entschädigung blieben umstritten. Brandenburg musste am 13. Januar 1647 einlenken und überließ Schweden das um einige Gebiete vergrößerte Vorpommern. Die Verhandlungen mündeten in den Vorvertrag vom 18. Februar 1647 zwischen dem Kaiser und Schweden sowie den damit zusammenhängenden Rezess vom 19. Februar 1647 zwischen dem Kaiser und Kurbrandenburg, die später als Artikel X und XI in das Osnabrücker Friedensinstrument (IPO) eingingen.

Obwohl noch einige seiner Ansprüche, beispielsweise auf Minden, nicht geklärt waren, war Kurbrandenburgs Rekompens vorläufig geregelt. Auch Schwedens territoriale Forderungen galten als geklärt. Offen war die Frage der militärischen Satisfaktion, die Schweden für die Räumung der Festungen und den Abzug seiner Truppen aus dem Reich beanspruchte, vorläufig nur gegenüber dem Kaiser. Die kaiserliche Seite vertrat den Standpunkt, dass dies nicht Gegenstand der Friedensverhandlungen sein könne.

Ungeklärt war zudem, wie die Reichsstände behandelt werden sollten, die durch den Rekompens Brandenburgs benachteiligt wurden. Schweden setzte sich nun die Entschädigung dieser Reichsstände – vor allem Mecklenburgs, des Administrators von Bremen (der dänische Prinz) und des Hauses Braunschweig-Lüneburg – zum Ziel. Insbesondere die letztgenannte Dynastie verlor mit den norddeutschen Hochstiften Magdeburg, Halberstadt, Ratzeburg und Schwerin potentielle Versorgungsmöglichkeiten für nachgeborene Söhne. Als Ausgleich forderte Braunschweig-Lüneburg das Hochstift Osnabrück, auf das auch andere Parteien, etwa der amtierende Osnabrücker Fürstbischof Franz Wilhelm von Wartenberg, Ansprüche erhoben. Als Kompromiss wurde bereits Ende April 1647 die alternierende Sukzession zwischen einem gewählten katholischen Bischof und einem Administrator aus dem Hause Braunschweig-Lüneburg erwogen und am 26. Mai 1647 in die Verhandlungen eingebracht. Die kaiserliche Seite sicherte jedoch Franz Wilhelm von Wartenberg nur persönlich die Landesherrschaft zu. Ähnlich erging es den Mecklenburger Herzögen. Der dänische Prinz Friedrich als Administrator von Bremen bedurfte keiner Entschädigung mehr, nachdem er im Juni 1647 Thronerbe von Dänemark geworden war.

Etwas anders gestaltete sich die Situation bei den Satisfaktionsforderungen von Hessen-Kassel, unterstützt sowohl vom verbündeten Schweden wie von Frankreich, solange es sich nicht um Kirchengut handelte. Die Landgräfin Amalie Elisabeth von Hessen-Kassel stellte umfangreiche Forderungen, die nicht nur die Satisfaktion der eigenen Truppen und territoriale Gewinne als Entschädigung für den Einfall kaiserlich-ligistischer Truppen, sondern auch eine umfassende Amnestie für das Landgrafenhaus und all seine Verbündeten sowie die Aufnahme in den Religionsfrieden beinhalteten. Durch Letzteres erhoffte sich die Landgräfin eine bessere Position gegenüber Hessen-Darmstadt im noch schwelenden Marburger Erbfolgestreit. Während man hinsichtlich der Amnestie und der Aufnahme in den Religionsfrieden erfolgreich war, scheiterte jedoch Mitte 1647 eine Übereinkunft an den zentralen Streitpunkten des Marburger Erbfolgestreits und der geforderten militärischen und territorialen Satisfaktion, die von kaiserlicher wie reichsständischer Seite als unverhältnismäßig empfunden wurde.

Amnestie und Restitution weltlicher Güter Was die Klärung der Amnestie und Restitution weltlicher Güter betraf, hatte der Kaiser die Amnestieregelungen des Regensburger Reichstages von 1641 als Zugeständnis gegenüber den Reichsständen zu Beginn der Friedensverhandlungen 1645 in Kraft gesetzt, aber aus Sicht Schwedens und der Protestanten besaßen diese Lücken, vor allem die Fragen, ab wann die Amnestie gelten sollte und wer davon profitieren durfte. Beispielsweise waren die gemischtkonfessionellen Reichsstädte wie Augsburg von den Regensburger Amnestieregelungen ausgenommen. Auch für die österreichisch-habsburgischen Erblande sollten Amnestie und Restitution nicht gelten, da sich Ferdinand III. dort als Landesherr verstand und keine Eingriffe in seine Rechte duldete. Zudem befanden sich Reichsstände wie etwa Hessen-Kassel als Verbündete von Schweden noch immer mit dem Kaiser im Krieg. Ohne die Klärung der Frage, wie mit diesen Reichsständen, die zudem in die Acht erklärt worden waren, umgegangen werden sollte, konnte kein Frieden geschlossen werden. Den betroffenen Reichsständen war daran gelegen, nicht nur für ihre Handlungen während des Krieges amnestiert zu werden, sondern auch nach dem Krieg gerichtlich nicht für die Folgen ihrer Taten während des Kriegs belangt werden zu können. Des Wei-

teren wollten sie in ihre Territorien und Rechte wieder eingesetzt werden.

Am problematischsten war die im Prager Frieden vorgenom-
mene Festlegung von Amnestie und Restitution weltlicher Besitztümer auf das Normaljahr 1630. Sie schloss die Pfalz und
Böhmen aus. Schweden, auf dessen Seite viele Böhmen gekämpft hatten, wie auch der überwiegende Teil der Protestanten hatten ein Interesse daran, das Normaljahr 1618 durchzusetzen. Erschwerend kam hinzu, dass Schweden und Frankreich
in dieser Frage abweichende Positionen vertraten. Frankreich
hatte Bayern seine Unterstützung in der Pfalzfrage zugesagt.

Kaiser Ferdinand III. wollte dagegen weiterhin den Aufstand
in Böhmen sowie die anschließenden Ereignisse im Reich vom
späteren Kriegsgeschehen gegen Schweden und Frankreich trennen, um die 1620 erfolgten Besitz- und Vermögensumschichtun-
gen nicht zu gefährden. Das Normaljahr 1618 für Amnestie und
Restitution weltlicher Güter wurde von ihm strikt abgelehnt.
Für die Reichsstände, die den Prager Frieden angenommen hatten, sollten die Regensburger Amnestieregelungen weiterhin
Gültigkeit besitzen. Für alle anderen Reichsstände sollten Son-
derregelungen ausgehandelt werden. Die Schweden legten daraufhin einen Katalog von Einzelfällen vor, für die von April bis
Juli 1647 Regelungen gefunden wurden, die zum großen Teil
Eingang in Artikel IV des IPO fanden. 1618 wurde im Westfälischen Frieden zum Amnestiejahr erklärt, allerdings durch Son-
derklauseln für Böhmen und die österreichisch-habsburgischen
Erblande sowie andere Reichsstände relativiert. Die Kirchen-
güterfrage, also die Restitution geistlicher Besitztümer, wurde
von der Amnestiefrage entkoppelt. Die Parteien verständigten
sich auf eine neue Normaljahrsregelung (1624).

In der Amnestie- und Restitutionsproblematik nahm die
Pfalzfrage den höchsten Stellenwert ein. Während die kaiserliche Seite und die Spanier, welche die Kurpfalz besetzt hatten,
zu Kompromissen bereit waren, zeigte sich Maximilian von
Bayern unnachgiebig. Als Gegenleistung für die dreizehn Millionen Gulden, die der Kaiser ihm wegen der militärischen Unterstützung im Dreißigjährigen Krieg schuldete, war ihm die Ober-

pfalz und der Kurfürstentitel für seine Person übertragen worden. Diese gedachte Maximilian für die bayerische Linie der Wittelsbacher dauerhaft zu sichern, wobei er von den Franzosen und dem Papst unterstützt wurde. Auch die katholischen Reichsstände einschließlich des Kaisers hatten ein Interesse daran, im Kurkolleg eine weitere katholische Stimme zu behalten. Der Kaiser befürchtete zudem bayerische Regressforderungen auf habsburgische Gebiete, wenn man Bayern in der Pfalzfrage nicht entgegenkäme.

Auf der anderen Seite war reichsrechtlich unstrittig, dass der Sohn von Friedrich V. von der Pfalz, Karl I. Ludwig, wieder restituiert werden musste, auch wenn die Frage, auf welche Weise dies geschehen sollte, unklar war. Letztlich setzte sich in der ersten Hälfte des Jahres 1647 die Kompromisslösung durch, dass für den Pfalzgrafen eine neue Kurwürde, in der Rangfolge an achter Stelle, geschaffen und er mit der Unterpfalz belehnt werden sollte, wobei die Freiheit der evangelischen Religionsausübung auf Basis des Jahres 1618 gelten sollte. Trotz verfassungsrechtlicher Bedenken stimmten die Reichsstände dieser Lösung in einem Reichsgutachten (31. März 1647) zu, so dass sich die Parteien in der Pfalzfrage von Ende Juni bis Mitte Juli 1647 weitgehend einigten, die Ergebnisse aber wegen der Abreise von Trauttmansdorff nicht mehr schriftlich festlegten.

Reichsreligionsrecht Der Kaiser hatte sich in seinen Responsionen auf die Propositionen von Frankreich und Schweden im September 1645 bereit erklärt, die konfessionellen Streitfragen im Reich in die Friedensverhandlungen aufzunehmen. Dies war aus seiner Sicht den Reichsständen zu überlassen, aber die habsburgischen Erblande – für die eine eigene Gesandtschaft am Friedenskongress teilnahm – sollten von allen Konzessionen ausgenommen werden. Nicht zuletzt dieser Punkt führte immer wieder zu massiven Verwerfungen, weil Ferdinand III. bezüglich des eigenen Herrschaftsgebiets nicht zu Kompromissen bereit war und seine landesherrliche Macht noch ausbauen wollte. Die Verhandlungen wurden zunächst zwischen den beiden konfessionellen Gremien der Reichsstände (Corpus Evangelicorum und Corpus Catholicorum) und nach deren Scheitern unter Einbeziehung des Kaisers und der Schweden geführt. Sie verliefen äußerst mühsam und generierten eine Fülle von Stellungnahmen. Im Prinzip wurden jedoch die grundlegenden Regelungen des späteren Religionsrechts (Art. V und VII IPO) bereits in den Trauttmansdorffiana (März bis Juni 1647) formuliert, konnten aber wegen einiger rigoroser katholischer Reichsstände nicht zum Abschluss gebracht werden.

Die erste Phase, in der die Reichsstände unter sich verhandelten, dauerte von Ende 1645 bis zum 5. Mai 1646. Die anstehenden Beschwerden waren das letzte Mal auf dem Reichstag zu Regensburg 1641 gesammelt, jedoch nicht behandelt worden – ebenso wenig wie auf dem anschließenden Deputationstag. Ende 1645 ging nun ein vom Corpus Evangelicorum beauftragter Ausschuss aus überwiegend streng lutherischen Gesandten daran, in einem Gutachten politisch-rechtliche und kirchliche Beschwerden zusammenzustellen, woraus dann zwei Vorentwürfe, einer für die politisch-rechtlichen und einer für die Religionsbeschwerden der Protestanten, formuliert wurden. Das Corpus Catholicorum tat dies gleichermaßen, so dass dem Kongress mit den protestantischen Gravamina vom 25. Dezember 1645 und den katholischen Gegenbeschwerden vom 8. Februar 1646 von beiden Seiten entsprechende Maximalprogramme vorlagen. Auf dieser Basis wurden nun direkte Verhandlungen zwischen den beiden konfessionellen Corpora eingeleitet.

Wieder einmal kreisten die Auseinandersetzungen darum, wie der Augsburger Religionsfrieden auszulegen sei. Während die Katholiken in ihm ein unveränderliches Gesetz sahen, interpretierten die Protestanten ihn als einen Vertrag zwischen zwei gleichberechtigten Parteien, da sie ebensolche Glieder des Reiches seien (Fritz Dickmann). Aus katholischer Sicht war den Augsburgischen Konfessionsverwandten keinesfalls die Gleichberechtigung zugestanden, sondern lediglich ein Ausnahmerecht mit bestimmten Zugeständnissen eingeräumt worden. Auf die Einzelforderungen antwortete die katholische Partei mit scharfen Gegenklagen.

Es ging um die unterschiedlichen Auslegungen des ius reformandi, die sich über Jahrzehnte entwickelt hatten. Die Protestanten sahen das Reformationsrecht mit der Landeshoheit verbunden, weshalb sie die im Augsburger Religionsfrieden enthaltenen Einschränkungen – sie betrafen die geistlichen Fürsten (Geistlicher Vorbehalt), die Reichsritterschaft und einen Teil der Reichsstädte – ablehnten. Jeder Landesherr sollte frei über die Einführung der evangelischen Konfession in seinem Territorium entscheiden können. Deshalb forderten sie die Aufhebung des Geistlichen Vorbehalts, das Reformationsrecht auch für die Reichsritterschaft und alle Reichsstädte sowie das Verbot für die katholischen Landesherren, das Reformationsrecht in Territorien auszuüben, über die sie keine Landeshoheit besaßen. In gewissem Widerspruch dazu wollten sie die öffentliche Religionsausübung für evangelische Untertanen in allen katholischen Territorien durchsetzen, womit die im Augsburger Religionsfrieden nicht aufgenommene Declaratio Ferdinandea ausgeweitet wurde.

Damit hing die Frage zusammen, ob die protestantischen Reichsstände berechtigt waren, in ihren Territorien Mediatstifte über den Stand von 1552 hinaus einzuziehen. Sie beanspruchten dieses Recht, außerdem den freien Zugang des evangelischen Adels zu den hohen Stiften sowie Sitz und Stimme für die evangelischen Bistumsadministratoren auf dem Reichstag. Für die katholische Seite verstieß dies gegen den Religionsfrieden, die Protestanten sahen darin ein landesherrliches Recht, um die Kirche in ihren Territorien zu reformieren.

Auch über das Verfahren bei Konflikten war man sich uneins. Im Streitfall sollte der Rechtsweg beschritten werden können. An dessen Spitze stand der Kaiser als oberster Richter, dem die Katholiken Auslegungskompetenz zubilligten. Nach protestantischer Lesart konnte der Kaiser als katholischer Landesherr nicht Richter in eigener Sache sein, deshalb gehörten Auslegungsfragen zum Religionsfrieden vor den Reichstag, Rechtsfragen vor das Reichskammergericht und nicht vor den kaiserlich besetzten Reichshofrat. In Religionssachen sollte auf keinen Fall das Mehrheitsprinzip, sondern die Parität gelten, die am besten durch eine paritätische Besetzung der Gerichte erreicht werden konnte. Auf dem Reichstag sollte dementsprechend nicht nach Kurien, sondern nach Konfessionsparteien abgestimmt werden.

Die Positionen waren schon lange festgefahren, jede Seite wähnte sich im Recht und war nicht bereit, von ihrer Auslegung des Religionsfriedens abzuweichen. Nicht zuletzt deshalb wurden die Verhandlungen am 5. Mai 1646 abgebrochen. Beide Seiten baten in dieser Situation Trauttmansdorff um Vermittlung. Er verhandelte mit einem Ausschuss des Corpus Evangelicorum, wobei er angesichts der militärisch desaströsen Lage des Kaisers und wegen der unklaren Regelungen des Augsburger Religionsfriedens berechtigt war, in einzelnen Punkten nachzugeben; das betraf sogar die Stifte sowie Sitz und Stimme der evangelischen Bistumsadministratoren auf dem Reichstag. Zunächst bot er den Protestanten an, ihren Grundsatz der Gleichheit zwischen den Konfessionen anzuerkennen, wenn sie den katholischen Vorstellungen entgegenkämen. Dazu waren sie jedoch nicht bereit. Insbesondere bestanden sie auf der Wiederherstellung der evangelischen Religionsausübung in den habsburgischen Erblanden, obwohl die kompromisslose Haltung des Kaisers dazu bekannt war. Dank der Intervention der kursächsischen Gesandten, die trotz erzwungener Neutralität Kursachsens die kaiserliche Politik weiterhin stützten und am Prager Frieden festhielten, kam es nun zu einer Annäherung.

Mit der «Endlichen Erklärung» vom 30. November/1. Dezember 1646 lag nach schwierigen Verhandlungen ein erstes Zwischenergebnis vor, wobei nur ein, wenn auch einflussreicher Teil der Katholiken zustimmte und noch 53 Streitfragen nicht verglichen waren. Auch innerhalb der jeweiligen Corpora gab es zunehmend Verwerfungen; Lutheraner stritten mit den Reformierten, beispielsweise um die Gleichberechtigung, und kompromisswillige Katholiken mit kompromissunwilligen. Die Einigung auf das kirchliche Normaljahr 1624 (1. Januar) als Grundlage der Verhandlungen gilt als bedeutendstes Ergebnis und entscheidender Schritt auf dem Weg zum Religionsvergleich vom 23. März 1648 (Ralf-Peter Fuchs). Die kursächsischen Vertreter hatten das Normaljahr 1624 eingeführt, das nun zur

Grundlage von Restitutionen kirchlicher Güter erklärt wurde. Die Protestanten verzichteten auf das Stichjahr 1618. Die Kirchengüter sollten den Protestanten nicht mehr nur befristet gehören, sondern bis zu einer friedlichen Einigung in beiderseitigem Einvernehmen. Und die Forderung nach evangelischer Religionsausübung in den habsburgischen Erblanden wurde als Bitte formuliert.

Die Protestanten sahen in der Bereitschaft Trauttmansdorffs, einen ewigen Frieden zu schließen, eine Chance, die Parität der Bekenntnisse im Reich zu stärken. Letztlich ging es um eine Neubestimmung der Konfessionsgrenzen, wodurch die Diskussionen über den Geistlichen Vorbehalt und das Stichjahr 1552 ihre Brisanz verloren. Gerechtigkeitserwägungen gewannen an Bedeutung, zumal die verhandelnden Parteien oft nicht wussten, wie die konfessionelle Situation zum Stichtag in den jeweiligen Territorien beschaffen war; nach November 1646 wurde dann heftig über einzelne Territorien wie Aachen oder das Fürstbistum Osnabrück gestritten. Als noch gravierender erwiesen sich die Diskussionen über die Konsequenzen des kirchlichen Normaljahres in Bezug auf das ius emigrandi (Auswanderungsrecht), weshalb sich die Verhandlungen mehr und mehr auf die Frage der Religionsausübung der Untertanen verlagerten. Das Recht der öffentlichen und der privaten Religionsausübung wurde mit der Normaljahrsfrage verbunden; sämtliche Untertanen des Reiches sollten jene Religion weiter ausüben dürfen, die zum Stichtag in ihren Wohnorten praktiziert worden war, unabhängig davon, ob ihr Landesherr seitdem die Konfession gewechselt hatte oder zu wechseln beabsichtigte. Dadurch wäre das ius reformandi des Landesherrn de facto ausgehebelt worden, was von kaiserlicher und katholischer Seite heftig bekämpft wurde. Insbesondere wie mit dieser Frage in den habsburgischen Erblanden umgegangen werden sollte, war umstritten. So wurde von kaiserlicher Seite darauf beharrt, das ius reformandi anzuerkennen und in den Vertragstext (Autonomieartikel) des kaiserlichen Gesamtentwurfs des Friedensvertrags aufzunehmen.

Mit diesem Komplex verwoben waren die Überlegungen, wie

mit anderskonfessionellen Minderheiten in einem Territorium umgegangen werden sollte. Wenn ihnen ein Bleiberecht zustand, wie sollten dann Form und Umfang der Religionsausübung geregelt werden? Und was sollte geschehen, wenn andersgläubigen Untertanen nur ein befristeter Aufenthalt erlaubt wurde und nach Ablauf der Frist das ius reformandi des Landesherrn wieder in Kraft trat. Besaß der Landesherr dann das Recht auf Ausweisung? Wie sollten die Umstände der freiwilligen Auswanderung geregelt werden? All diese Fragen versuchte Trauttmansdorff allein als Vertreter der katholischen Partei auf der Basis der «Endlichen Erklärung» vom 30. November/1. Dezember 1646 mit den Schweden und den protestantischen Reichsständen zu klären. Nachdem mit Schweden im Februar 1647 der Vorvertrag über die Satisfaktionsforderungen geschlossen worden war, begann Trauttmansdorff in Abstimmung mit einem Teil des Corpus Evangelicorum, aber gegen den zunehmenden Widerstand im Corpus Catholicorum mit den Schweden über die künftige Reichsreligionsverfassung zu verhandeln. Das Ergebnis bildete die kaiserliche Erklärung vom 27. Februar 1647, die jedoch von der Mehrheit der katholischen Reichsstände nicht mitgetragen wurde. Während Trauttmansdorff diese Linie weiterverfolgte und in immer größeren Gegensatz zum gesamten Corpus Catholicorum geriet, drängten ihn die Schweden in Absprache mit dem Corpus Evangelicorum dazu, nicht nur die Regelungen zum Reichsreligionsrecht, sondern alle bisher erzielten Ergebnisse in einem Gesamtentwurf eines Friedensvertrags zu bündeln.

Juli 1647

Auf der Grundlage der Abfindungsvereinbarungen mit Frankreich und Schweden sowie der Klärung der Pfalzfrage, des schwierigsten Amnestieproblems, entstanden von März bis Mai 1647 in Osnabrück in Verhandlungen zwischen den Schweden und den kaiserlichen Gesandten insgesamt fünf Entwürfe eines Friedensvertrags (Trauttmansdorffiana), zwei von Seiten der Schweden und drei von kaiserlicher Seite. Sie entsprachen in Einteilung, Reihenfolge der Artikel, zentralen Verhandlungsgegenständen und vielen inhaltlichen Regelungen den späteren Friedensinstrumenten, beispielsweise zur Pfalzfrage, zu den Satisfaktionsregelungen mit Schweden, zu den Rekompensbestimmungen für Brandenburg oder zu den konfessionellen Verhältnissen in den Reichsstädten. Zudem enthielten sie wesentliche Festlegungen hinsichtlich des Reichsreligionsrechts, so die von den Protestanten erstrebte Gleichberechtigung mit den katholischen Reichsständen, die Bestätigung des Augsburger Religionsfriedens mit dem Verfahren der gütlichen Einigung (amicabilis compositio) bei künftigen Auseinandersetzungen, den Geistlichen Vorbehalt für katholische und protestantische Kirchengüter sowie die Festlegung auf das neue Normaljahr 1624.

Die Entwürfe waren ein Resultat der militärischen Lage. Da mit dem Ulmer Waffenstillstand die kaiserliche Partei fast völlig allein stand, agierte Trauttmansdorff mit dem Rücken zur Wand. Seine Zugeständnisse an die Schweden und die Protestanten waren nur noch zum Teil mit dem Kaiser und den katholischen Reichsständen abgestimmt. Die Zusammenführung der erzielten Ergebnisse mit den noch offenen Reichsfragen und ungeklärten Punkten in der Satisfaktion der ausländischen Kronen brachte den Abschluss des Friedens jedoch nicht voran, zumal die Schweden die Reichsangelegenheiten nutzen wollten, um ihre Satisfaktionsvereinbarungen zu verbessern, und darauf beharrten, sich mit Frankreich abzustimmen. Die Gesandten der protestantischen Reichsstände, die im Prinzip mit den erreichten Regelungen einverstanden waren, gedachten auf der Basis der mit Trauttmansdorff erzielten Ergebnisse mit den katholischen Reichsständen eine Einigung in der Religionsverfassung herbeizuführen. Da Trauttmansdorff zudem in den schwierigen französisch-spanischen Verhandlungen vermitteln sollte, wurden die Zusammenkünfte Ende Mai 1647 nach Münster verlegt. Für weitere kaiserlich-französische Gespräche entwarf die kaiserliche Seite einen neuen Gesamtentwurf des Friedens in zwei Fassungen (11./12. Juni 1647), der den Mediatoren überreicht wurde. Auch die katholischen Reichsstände erhielten Mitte Juni einen neuen Gesamtentwurf, verfasst auf der Basis der kaiserlichen Textvorschläge vom 30. Mai 1647, die nur zum Teil die

Zustimmung der Schweden gefunden hatten. Trauttmansdorff
verband mit den kaiserlichen Entwürfen die Bitte, möglichst
rasch zuzustimmen. Er drängte in den folgenden Wochen auf
einen schnellen Abschluss der Verhandlungen mit den beiden
ausländischen Kronen und ließ sich deshalb auf immer mehr
Kompromisse ein. Alle Punkte der Friedensentwürfe wurden
gleichzeitig in den Verhandlungen erörtert, und Trauttmansdorff drohte, um einen Abschluss zu erzwingen, mehrmals mit
seiner Abreise. Aber trotz aller Kompromisse stimmten weder
die Schweden noch die Franzosen den kaiserlichen Friedensent-
würfen schnell zu. Auch die katholischen Reichsstände ließen
mit ihrem Gutachten auf sich warten.

Am 16. Juli 1647 reiste der kaiserliche Prinzipalgesandte tatsächlich aus Münster ab. Die Forschung geht davon aus, dass er
zwar resigniert hatte, es aber nicht seine Absicht war, die Friedensverhandlungen abzubrechen. Er war schon mehrmals an
den kaiserlichen Hof zitiert worden und hatte den anderen kaiserlichen Gesandten bereits Ende Juni 1647 eine umfassende
Verhandlungsvollmacht ausgestellt. Nichtsdestotrotz gerieten
die Verhandlungen durch seine Abreise in eine Krise; Ende Juli
ging es an keiner Stelle mehr voran. Die französisch-spanischen
Verhandlungen waren wegen zentraler Streitpunkte wie der
Portugalfrage festgefahren. Ein separater Frieden zwischen Spanien und den Vereinigten Provinzen der Niederlande wurde immer wahrscheinlicher, zumal sich beide Seiten im Januar 1647
in den sogenannten 20 Artikeln bereits verbindlich auf einen
Friedensvertrag geeinigt hatten. Ohne die Spanische Straße
wäre eine Fortsetzung des spanisch-niederländischen Krieges
zudem gar nicht mehr möglich gewesen.

Auch die Franzosen zeigten wenig Friedenswillen. Sie bezogen erst am 19./20. Juli 1647 Stellung zu dem kaiserlichen Friedensentwurf. In einem für die kaiserliche Seite unannehmbaren
Artikel forderten sie erneut ein Assistenzverbot für Spanien und
warfen der kaiserlichen Partei vor, bei den Satisfaktionsregelungen von den September-Artikeln (1646) abgewichen zu sein.
Frankreich wünschte die endgültige Klärung seiner Souveränität über das Elsass. In der Tat hatte Trauttmansdorff die Schutz-

bestimmungen für die Reichsstände in den von Frankreich beanspruchten Gebieten ausgeweitet. Trotzdem verlangten die im
Elsass ansässigen Reichsstände weiterhin eine ausdrückliche
Sicherung ihres Rechtsstatus. Auch die katholischen Reichsstände taten sich mit der Annahme des kaiserlichen Gesamtentwurfs schwer. In ihrem späten Gutachten vom 7. Oktober 1647
erteilten sie sämtlichen seit 1646 gemachten Zugeständnissen an
die Protestanten eine entschiedene Absage. Als besonders kri-
tisch wurden der endgültige Verzicht auf das vor 1624 protes-
tantisch gewordene Kirchengut und die Zulassung der evangelischen Religionsausübung in katholischen Territorien gesehen.

Unter Druck der eigenen Armeeführung erklärte die schwedische Seite ihre Unzufriedenheit mit den Satisfaktionsartikeln, da
nur eine Territorialsatisfaktion vorgesehen war. Zur Abfindung
der eigenen Söldnerarmeen wurde jetzt offiziell eine Militärsatisfaktion gefordert, und zwar die extrem hohe Summe von
20 Millionen Reichstalern, über die man mit den Reichsständen
direkt sprechen wollte. Zweifel an der schwedischen Verhandlungsbereitschaft wurden daraufhin immer offener formuliert,
zumal Schweden seine Truppen unter dem Oberbefehl von Hans
Christoph Graf von Königsmarck in unmittelbarer Nähe der
Kongressstädte operieren ließ.

August 1647 bis Oktober 1648

Obwohl die Verhandlungsergebnisse in der Pfalzfrage Anfang
August 1647 schriftlich festgehalten wurden, kamen die Verhandlungen erst Ende September 1647 wieder in Gang. Mit
der Aufkündigung des Ulmer Waffenstillstands durch Kurköln
und Kurbayern hatte der bayerische Kurfürst vom Kaiser die
Wiederaufnahme der Verhandlungen mit den Schweden sowie
Protestanten und einen schnellen Abschluss des Friedens ver-
langt.

Die ersten Gespräche mit den Schweden über ihre geforderte
Militärsatisfaktion scheiterten. So trafen die kaiserlichen Gesandten wieder die französischen. Diese wollten ihre Satisfaktionsvereinbarungen endlich zu einem Abschluss bringen, da
sich das Bündnissystem der Kronen für sie zum Schlechteren ver-

ändert hatte; aufgrund des sich abzeichnenden spanisch-niederländischen Friedens und der erwarteten schwedisch-kaiserlichen Verständigung befürchtete man die Isolierung Frankreichs. Zudem war Bayern nach Klärung der Pfalzfrage an die Seite des Kaisers zurückgekehrt, so dass Frankreich in militärischen Auseinandersetzungen mit einem deutlich stärkeren Gegner zu rechnen hatte.

Zu klären war die Titulatur des Kaisers mit Blick auf die Landgrafschaft Elsass, der Umfang der Abtretungen der lothringischen Bistümer, das kaiserliche Assistenzverbot für Spanien und die Behandlung der Lothringenproblematik auf dem Friedenskongress.

Am 10. November 1647 verständigten sich beide Seiten in einem zeitlich unbefristeten und bis zum Friedensschluss gültigen Vorabkommen (November-Artikel) darauf, die Satisfaktion Frankreichs weitgehend auf der Basis der September-Artikel von 1646 zu regeln, und ignorierten damit die massiven Einsprüche der elsässischen Reichsstände. Die französischen Gesandten verzichteten auf eine Ausweitung ihrer territorialen Forderungen auf die lothringischen Diözesen, die kaiserlichen Gesandten gaben das Junktim zwischen territorialer Satisfaktion und pax universalis einschließlich eines französisch-spanischen Friedens auf, was zu heftiger Kritik des Kaisers führte, der auf einem universalen Frieden bestehen wollte. Offen blieben die Exklusion des Burgundischen Reichskreises und des Herzogs von Lothringen aus dem Friedensschluss und ein kaiserliches Assistenzverbot für Spanien, das mit dem Abschluss der spanisch-niederländischen Friedensverhandlungen im Januar 1648 an Brisanz gewann. Nach dem Vorabkommen ruhten jedoch die kaiserlich-französischen Verhandlungen, da der Kaiser, dem Wunsch der Protestanten und Kurbayerns folgend, mit Schweden den Ausgleich suchte. Gleich drei der vier kaiserlichen Gesandten (Lamberg, Krane und Volmar) begaben sich im Dezember 1647 von Münster nach Osnabrück, was den großen Stellenwert des Osnabrücker Schauplatzes in der Endphase des Kongresses unterstreicht.

Grundlage der Verhandlungen bildete nun die kaiserliche

Hauptinstruktion vom 6. Dezember 1647, die in Reaktion auf das ablehnende Gutachten der katholischen Reichsstände formuliert worden war und eine mehrgleisige Verhandlungsführung vorsah. Basis sollte der letzte Friedensentwurf von Trauttmansdorff aus dem Frühsommer 1647 mit verschiedenen Korrekturen sein; sie betrafen diverse Religionsbestimmungen für das Reich (Besetzung städtischer Ämter in gemischtkonfessionellen Städten, gestufte Autonomie), die kaiserlichen Erblande (uneingeschränktes ius reformandi für den Kaiser, keine Rückerstattung des konfiszierten Eigentums), Fragen des Vollzugs (schwedische Armeesatisfaktion erst nach Unterzeichnung des Friedensvertrags) und die Sicherung des Friedens. Falls die kaiserlichen Änderungswünsche berücksichtigt würden, wurde die Möglichkeit in Aussicht gestellt, den Frieden durch kaiserlichen Vorgriff unter Nichtbeachtung der kompromisslosen katholischen Reichsstände zu schließen.

Die protestantischen Gesandten wollten die in den Trauttmansdorffiana erzielten Zugeständnisse möglichst ohne Änderung sichern. Die kurbrandenburgischen Gesandten hatten der kaiserlichen Partei vorgeschlagen, eine interkonfessionelle Deputation zur Klärung dieser Differenzen einzurichten. Falls sich die katholischen Vertreter verweigerten, sollte der Kaiser die Einwände der mindermächtigen katholischen Reichsstände übergehen und – ähnlich wie beim Prager Frieden – die Religionsfrage autoritativ durch ein kaiserliches Edikt regeln. Die kurbayerisch-kaiserliche Reunion verstärkte diese Tendenz, denn auch Kurfurst Maximilian war bereit, die katholische Kritik an der Religionsverfassung zu übergehen und mit Rückendeckung der Protestanten und der kompromissbereiten katholischen Reichsstände ein kaiserliches Edikt zur Durchsetzung des Reichsreligionsrechts zu akzeptieren. Bayern befürchtete, dass sein Territorium in einer französisch-schwedischen Kampagne wieder zum Hauptkriegsschauplatz werden könnte. Von kaiserlicher Seite aus war man zu einem Vorgriff nur bereit, wenn es mit kompromissbereiten Reichsständen aller Konfessionen eine «Konjunktion» im Sinne von festen Unterstützungszusagen auf der Basis der im kaiserlichen Sinne geänderten Trauttmansdorffiana gegeben hätte; nur so ließe sich die Zustimmung Frankreichs und Schwedens erzwingen.

Kurbrandenburg und Kursachsen zögerten, da sie für eine Unterstützung des Kaisers ihre Neutralitätsverträge mit Schweden hätten brechen müssen. Bei den anderen protestantischen Reichsfürsten und Reichsstädten aber stieß die kaiserliche Initiative einer Konjunktion auf große Resonanz. Auf katholischer Seite zeichnete sich immer offener eine Spaltung zwischen denjenigen Reichsständen ab, die auf einen schnellstmöglichen Friedensschluss zielten (Prinzipalisten), und der Gruppe, die auf der Basis des Gutachtens vom 7. Oktober 1647 grundlegende Punkte verändern wollte (Maximalisten unter Führung des Osnabrücker Bischofs Franz Wilhelm von Wartenberg). Die kompromissbereiten katholischen Reichsstände zeigten sich der Konjunktion gegenüber offen. Sie bildeten zwar innerhalb des Corpus Catholicorum nur eine Minderheit, zählten aber zu den mächtigeren katholischen Reichsständen.

Ende Januar 1648 gerieten die Verhandlungen erneut in eine Krise: 1. Die kaiserlich-schwedischen Verhandlungen stockten über der Frage der Amnestie und Autonomie in den habsburgischen Erblanden und der geforderten schwedischen Armeesatisfaktion. 2. Die protestantischen Reichsstände zeigten in einer schriftlichen Erklärung zur Amnestie und zum Reichsreligionsrecht (Declarationes ultimae), dass sie die kaiserlichen Änderungswünsche in Bezug auf den letzten Friedensentwurf ablehnten. 3. Die katholischen Declarationes ultimae signalisierten, dass eine Annäherung zwischen den beiden Konfessionen unter Einschluss der Maximalisten nicht möglich war.

Angesichts der Aussichtslosigkeit der Situation bildete sich im Januar 1648 in Osnabrück aus der Gruppe der kompromissbereiten Reichsstände eine konfessionsübergreifende Dritte Partei, die am 8. Februar 1648 in zwei, zunächst geheimen Konferenzen zusammentraf. Dazu zählten auf protestantischer Seite die Gesandten Kursachsens, Kurbrandenburgs, der ernestinischen Herzogtümer Sachsen-Altenburg, Sachsen-Weimar, Braunschweig-Lüneburg und der Reichsstadt Straßburg, auf katholischer Seite Kurmainz, Kurtrier, Kurbayern, Würzburg und Bamberg. Nachdem sich Kursachsen und Kurbrandenburg fernhielten, gewannen bei den Protestanten die Vertreter der ernestinischen Herzogtümer, Wolfgang Konrad von Thumbshirn und Georg Achaz Heher, und der Vertreter des Hauses Braunschweig-Lüneburg, Jakob Lampadius, eine zentrale Rolle. Auf katholischer Seite waren dies der Gesandte Maximilians von Bayern, Johann Adolph Krebs, und Johann Philipp von Vorburg, der Gesandte des Würzburger Bischofs Johann Philipp von Schönborn, der im November 1647 auch Kurfürst von Mainz und damit Reichserzkanzler geworden war. Das Verhältnis war ausgeglichen. Allerdings waren aus dem Kurkolleg nur katholische Kurfürsten vertreten, während der katholische Teil des Fürstenrats weitgehend fehlte; der überwiegend evangelische Städterat nahm fast vollständig teil.

Diese Form des interkonfessionellen Zusammenschlusses besaß keinerlei Vorbild in der Reichsverfassung und signalisierte dem Kaiser und den ausländischen Kronen, dass führende Stände des Reiches nicht länger gewillt waren, den Frieden hinauszuzögern. Ihr Ziel war es, das Reich zu erhalten und seine Einheit zu wahren. Dem Kaiser wurde vorgeworfen, den Krieg lediglich im Interesse Spaniens weiterzuführen. Die eigenständige, reichspatriotisch begründete Initiative, die einem Misstrauensvotum gegenüber dem Kaiser gleichkam, bildete in der Endphase der Friedensverhandlungen den entscheidenden Hebel, dem Friedensschluss zum Durchbruch zu verhelfen. Insbesondere die letzten drei Komplexe hätten ohne den massiven Druck der Dritten Partei nicht gelöst werden können: die offenen Fragen der Reichsverfassung und des Reichsreligionsrechts, die schwedische Militärsatisfaktion, die von schwedischer Seite zusammen mit der Amnestiefrage in den habsburgischen Erblanden verhandelt wurde, und die schwierige Frage des kaiserlichen Assistenzverbots für Spanien.

Um den reichsständischen Partikularbestrebungen und einer drohenden kaiserlichen Isolierung zu begegnen, legten die kaiserlichen Gesandten am 8. Februar 1648 einen Teilentwurf für ein IPO vor. Weil er zum großen Teil der kaiserlichen Hauptinstruktion vom 6. Dezember 1647 entsprach, wurde er von allen Seiten abgelehnt. Nun schlugen die Gesandten der Dritten Partei einen neuen Verhandlungsmodus vor. Die kaiserlichen und schwedischen Gesandten sollten, assistiert von reichsständischen Gesandten beider Konfessionen, die noch offenen Punkte einzeln behandeln und erzielte Ergebnisse sogleich unterzeichnen. Erst wenn eine Streitfrage geklärt war, sollte die nächste verhandelt werden. Auch die Reihenfolge der Punkte wurde festgelegt. Entscheidend war, dass die so erzielten Ergebnisse auch für die abwesenden Stände verbindlich sein sollten. Beide Seiten stimmten diesem Modus zu – ein großer Erfolg der Dritten Partei. Die Maximalisten, die vom Kaiser gebeten worden waren, sich an den Verhandlungen in Osnabrück zu beteiligen, verweigerten sich und versuchten von Münster aus, die Verhandlungen zu unterlaufen. Aber gerade ihre Abwesenheit dürfte den Frieden vorangebracht haben. Als der Kaiser dann große Teile seiner Forderungen aus dem neuen Friedensinstrument zurücknahm, um den Kurfürsten von Bayern und Mainz seine Friedensbereitschaft zu signalisieren, waren die Weichen für den Frieden gestellt.

Die Verhandlungen begannen am 28. Februar im Osnabrücker Quartier des schwedischen Gesandten Oxenstierna. Grundlage bildete ein Verzeichnis der offenen Punkte, das von den protestantischen Reichsständen zusammengestellt und den kaiserlichen Gesandten am 21. Februar 1648 übergeben worden war. Im Grunde ging es nur noch um Weniges: das Religionsrecht, bezogen auf die Städte Augsburg und Aachen, Autonomiefragen vor allem in den habsburgischen Erblanden und die Rechtsprechung an den höchsten Gerichten bei Religionsprozessen.

In der letzten Frage, die als erste behandelt wurde, konnte man am schnellsten Einigkeit erzielen. Am 4. März 1648 unterzeichneten die Gesandten unter großer innerer Anteilnahme, wie dokumentiert, ein Teilabkommen zur Parität der Richter am Reichskammergericht. Katholiken und Protestanten sollten künftig zwei Präsidentenstellen besetzen, von den 50 Richterstellen sollten 24 den Protestanten zustehen.

Am 18. März 1648 verständigte man sich in den ungeklärten

Fragen der Reichsreligionsverfassung, und zwar auf der Grundlage des letzten Friedensentwurfs von Trauttmansdorff von Juni 1647, zu dem man in der Zwischenzeit zurückgekehrt war. Man einigte sich darüber hinaus etwa darin, die Reformierten in den Religionsfrieden einzuschließen. Diese innerhalb der protestantischen Reichsstände umstrittene und eigentlich theologische Frage konnte letztlich nur durch eine geschickte Formulierung geklärt werden (Art. VII § 1 IPO).

Die Autonomie der Mediatstände und Untertanen im Reich und in den habsburgischen Erblanden wurde für das Reich weitgehend im Sinne der protestantischen Reichsstände geregelt. Lediglich die Fristen für die Auswanderung und Ausweisung der zwischen 1624 und 1648 übergetretenen sowie künftig konvertierenden Untertanen wurden verkürzt. Dafür konnte die Situation der Protestanten in den habsburgischen Erblanden rechtlich nicht abgesichert werden. Die protestantischen Gesandten erhielten nur marginale Zugeständnisse wie das Kirchenbaurecht für Untertanen der Augsburgischen Konfession in den schlesischen Erbfürstentümern. Auf massiven Druck der Schweden wurde schließlich noch ein Interzessionsrecht Schwedens und der protestantischen Reichsstände zugunsten evangelischer Untertanen in den habsburgischen Erblanden verankert, was große Bestürzung am Kaiserhof hervorrief, aber nicht mehr verhindert werden konnte.

Der letzte Punkt des Reichsreligionsrechts betraf die Frage der Parität in den gemischtkonfessionellen Reichsstädten Augsburg und Aachen. Die rasche Einigung wurde am 24. März 1648 in einem weiteren Abkommen festgehalten. Während die Frage der Behandlung der Protestanten in Aachen wegen massiven Widerstands von kaiserlicher und katholischer Seite fallengelassen wurde, gelang es den protestantischen Gesandten, für Augsburg die weitgehende Parität im Stadtregiment durchzusetzen und den Katholiken lediglich im Geheimen Rat einen Sitz mehr zuzugestehen. Die mühsamen Verhandlungen um jedes politische Amt spiegeln sich im detaillierten Artikel zu Augsburg des Osnabrücker Friedensinstruments wider.

Die letzten Hürden

Während sich die Verhandlungen über das Reichsreligionsrecht in der Endphase befanden, wurde bereits die schwedische Territorialsatisfaktion neu geregelt und am 18. März 1648 das zweite kaiserlich-schwedische Vorabkommen unterschrieben. Einen Tag später wurden Vorabkommen über die Entschädigung von Kurbrandenburg und Braunschweig-Lüneburg sowie die Pfalzfrage paraphiert. Offen war noch die Militärsatisfaktion.

Aus schwedischer Sicht sollte jedoch zuvor die Frage der Satisfaktion und Amnestie für seine Verbündeten, vor allem Hessen-Kassel und Baden, geklärt werden. Dies widersprach der im Februar 1648 festgelegten Reihenfolge, was von kaiserlicher Seite entsprechend moniert wurde. Aufgrund der im Frühjahr 1648 militärisch immer stärkeren Position der Kronen konnte sich die kaiserliche Seite nicht behaupten, so dass die Entschädigung Hessen-Kassels und die Marburger Erbschaftssache vorgezogen wurden. In Letzterer fand der Kongress keine Lösung, jedoch gelang es einer Kommission unter Herzog Ernst von Sachsen-Gotha, einen Vergleich zwischen den Kontrahenten Hessen-Kassel und Hessen-Marburg zu vermitteln, der weitgehend zugunsten Kassels ausfiel. Der zwischen ihnen am 14. April 1648 geschlossene Vertrag wurde in den späteren Friedensvertrag (Art. XV § 13 IPO) aufgenommen, so dass er unter die Garantie des Westfälischen Friedens fiel. Zudem wurden die finanziellen Forderungen Hessen-Kassels in Abstimmung mit der Dritten Partei auf 600 000 Reichstaler gedrückt. Am 21. April 1648 gelang eine Klärung der Badischen Angelegenheit, die eher im kaiserlichen Sinne ausfiel und die Restitution und Amnestie des Markgrafen Friedrich V. von Baden-Durlach beinhaltete, ihn aber wegen seiner nicht erfüllten Forderungen gegen die Baden-Badener Linie auf den Rechtsweg verwies.

In Verkennung der Lage glaubte die kaiserliche Seite im April 1648, durch einen überarbeiteten Gesamtentwurf (6. Mai 1648), in den die Vorabkommen vom März 1648 aufgenommen, aber die Fragen der Amnestie der Untertanen in den habsburgischen Erblanden sowie des Friedensvollzugs und der -sicherung offen-

gelassen wurden, die Initiative wieder in die Hand nehmen zu
können. Den Schweden sollte eine schriftliche Erklärung dazu
abverlangt werden. Jede weitere Partikulardeklaration wurde
abgelehnt. Die Dritte Partei kontrollierte jedoch immer stärker
das abschließende Verhandlungsgeschehen, zumal Anfang Mai
alle wichtigen Differenzen der Reichsverfassung (Art. VIII §§ 62–
66 IPO) einschließlich diverser Bestimmungen über Handels-
freiheit und Zölle (Art. IX IPO/§§ 67–68 IPM) und des Reichsreligionsrechts geklärt waren.

Die schwedische Militärsatisfaktion sowie die noch offene
Frage der Amnestie in den habsburgischen Erblanden wurden
ab dem 9. Mai 1648 auf Initiative der Dritten Partei und gegen
kaiserlichen Protest gemeinsam in den Reichskurien verhandelt.
Durch die Unvereinbarkeit der schwedischen und kaiserlichen
Positionen gerieten die Verhandlungen ins Stocken und wurden
schließlich im Alleingang der Reichsstände geklärt. Neben
Schweden sollten auch der Kaiser und Kurbayern eine Militärsatisfaktion erhalten, die durch die Reichskreise aufzubringen
war. Über die Höhe insbesondere der schwedischen Militärsatisfaktion kam es zwischen Schweden und der Dritten Partei
über mehrere Wochen zu einem «häßlichen Schacher» (Fritz
Dickmann), der am 13. Juni 1648 in das Angebot der Reichsstände von fünf Millionen Reichstalern mündete, die von sieben
Reichskreisen in drei Raten (Abkommen vom 10. Juli 1648) zu
zahlen waren. Trotz der deutlichen Minderung gegenüber der
ursprünglichen schwedischen Forderung von 20 Millionen
Reichstalern handelte es sich um eine immens hohe Summe. Die
Details zur Aufbringung des Geldes sowie zum Abzug der Truppen wurden nicht mehr auf dem Kongress, sondern auf dem
Nürnberger Exekutionstag von 1649/50 geregelt.

Auch der noch offene Punkt der Amnestie in den habsburgischen Erblanden, der von den Schweden wieder in Frage gestellt
worden war, konnte geklärt werden. Durch Vermittlung der
Dritten Partei, die den Kaiser stützte, verblieb es bei den Absprachen des letzten Entwurfs von Trauttmansdorff. Allerdings
wurde eine für die Schweden gesichtswahrende Klausel eingefügt, die besagt, dass sich die Schweden um bessere Bedingun-

gen für diejenigen bemüht hätten, die sich vor 1630 den Kronen angeschlossen hatten.

Nach diesem wichtigen Schritt gingen die Verhandlungen ab dem 17. Juli 1648 wieder in Oxenstiernas Quartier in Osnabrück weiter. Alle erzielten Ergebnisse wurden Punkt für Punkt durchgegangen und unklare bzw. umstrittene Detailfragen zwischen den kaiserlichen und schwedischen Gesandten unter Einbeziehung der Dritten Partei abgeklärt. Den wiederholten Nachfragen von kaiserlicher Seite, was mit der eigenen Militärsatisfaktion, den offenen Kurkölner Forderungen und der Einbeziehung der in Münster verbliebenen Reichsstände sei, wichen die Vertreter der Dritten Partei aus und zwangen die Kaiserlichen auf diese Weise, in den letzten mit Schweden offenen Fragen über den Friedensvollzug und die Friedenssicherung (Art. XVI, XVII IPO) einer Einigung zuzustimmen.

Am 6. August 1648 kam es zur abschließenden Konferenz über das IPO, deren Ergebnisse mit dem «Osnabrücker Handschlag» besiegelt wurden. Zur Enttäuschung aller Anwesenden beharrten die schwedischen Gesandten jedoch darauf, das Friedensinstrument nicht ohne den Verbündeten Frankreich unterzeichnen zu wollen, zumal noch offene Forderungen der Franzosen im Raum standen.

Seit den Novemberartikeln von 1647 hatten die kaiserlich-französischen Verhandlungen geruht. Zwar hatte der französische Gesandte Servien durch Reisen nach Osnabrück versucht, die umstrittenen Punkte (Ausnahme Lothringens und des Burgundischen Kreises vom Frieden sowie kaiserliches Assistenzverbot für Spanien) zum Gegenstand der Verhandlungen in den Reichskurien zu machen, war aber damit gescheitert. Die Dritte Partei überlegte, ob die finalen Verhandlungen mit Frankreich nicht besser mit ihrer Beteiligung und in Osnabrück stattfinden sollten. Man befürchtete den Widerstand der «Maximalisten» und der Vermittler und wollte sich das Heft nicht mehr aus der Hand nehmen lassen. Von kaiserlicher Seite war man strikt dagegen, da Spanien und die katholischen Reichsstände dadurch noch stärker ins Abseits geraten wären und es zudem den Abmachungen des Hamburger Präliminarfriedens widersprochen hätte. Der kaiserliche Gesandte Volmar reiste deshalb unmittelbar nach Abschluss der Verhandlungen mit den Schweden nach Münster ab. Wie schwach die kaiserliche Position zu diesem Zeitpunkt bereits war, zeigt sich daran, dass fast keiner der Gesandten ihm folgte. Vielmehr beschlossen die Vertreter der Dritten Partei am 10. August 1648, die letzten offenen Punkte mit Frankreich selbstständig in Osnabrück zu verhandeln, ohne auf die kaiserlichen Gesandten, die kompromisslosen katholischen Reichsstände oder die Mediatoren Rücksicht zu nehmen.

Am 11. August glichen die Vertreter der Dritten Partei und Servien das IPO vom 6. August 1648 mit dem letzten französischen Entwurf für ein IPM ab. Die strittigen Punkte wurden von Servien schriftlich festgehalten und dienten den Reichskurien für eine Reihe von anschließenden Beratungen. Aus Reichsperspektive ging es um die französische Territorialsatisfaktion, und zwar die Zessionsbestimmungen für die lothringischen Hochstifte, das Elsass und den Sundgau, die ohne Einbeziehung der Reichsstände verhandelt worden waren und zugunsten der dort begüterten Reichsstände modifiziert werden sollten. Wegen des hartnäckigen Widerstands von Servien verzichteten die Reichsstände letztlich auf eine Änderung der in den November-Artikeln ausgehandelten französischen Territorialsatisfaktion, formulierten aber einen Rechtsvorbehalt, der jedoch wirkungslos blieb. Servien wiederum stimmte am 21. August zu, die Reichsstadt Straßburg von der Zession auszunehmen.

Als wesentlich problematischer erwies sich die französische Forderung, dass der Kaiser Spanien künftig weder als Reichsoberhaupt noch als Landesfürst militärisch unterstützen dürfe, was die Trennung der beiden habsburgischen Linien bedeutete, außerdem, dass der burgundische Reichskreis aus dem kaiserlich-französischen Frieden ausgeschlossen werden musste, da der spanische König gleichzeitig Herzog von Burgund war. Den Hintergrund bildete die Fortsetzung des spanisch-französischen Krieges auf verschiedenen Kampfschauplätzen. Auch Lothringen sollte deshalb nicht in den Frieden einbezogen werden.

Die Assistenzfrage war von der Dritten Partei aus taktischen Gründen an das Ende der Verhandlungen gestellt worden. Am

28. August 1648 begannen die Beratungen in den Osnabrücker Teilkurien, die verschiedene Vorschläge unterbreiteten. Letztlich verständigten sich Schweden, Frankreich und die Dritte Partei darauf, das IPM mit den Reichsständen in Osnabrück zu verhandeln und dann im Anschluss in Münster die Zustimmung der kaiserlichen Gesandten zu erwirken. Insbesondere der Fürstenrat drängte auf eine schnelle Lösung, während die Kurfürsten- und Städtekurie zurückhaltender agierten. Der entscheidende Textvorschlag wurde schließlich von dem schwedischen Gesandten Salvius am 5. September 1648 vorgelegt und nach verschiedenen Diskussionen am 15. September 1648 im Osnabrücker Quartier von Servien von diesem und dem kurmainzischen Gesandten Sebastian Wilhelm Meel als Repräsentanten des Reichsdirektoriums gesiegelt, aber nicht unterzeichnet. Der gesiegelte Vertragstext wurde am 16. September von einem Repräsentanten des Reichsdirektoriums in Verwahrung genommen. Danach begaben sich die Gesandten nach Münster, in der festen Absicht, den Frieden für das Reich entgegen den erwarteten kaiserlichen und katholischen Widerständen durchzusetzen. Letztlich beharrte die Dritte Partei trotz mehrmaliger kaiserlicher Gebote auf ihrer Position und machte dem Kaiser deutlich, dass er bei hinhaltendem Widerstand in dieser Frage endgültig isoliert wäre. Der Kaiser musste sich angesichts der militärisch schwierigen Lage und des massiven Drucks der Dritten Partei, der vor allem von Kurbayern ausgeübt wurde, im September 1648 beugen und das Assistenzverbot hinnehmen.

Probleme bereiteten die noch ungeklärte Situation in Norditalien zwischen den Herzögen von Mantua und Savoyen sowie die Forderung Frankreichs, dass auch Spanien den Abtretungen im Elsass sowie von Metz, Toul und Verdun sowie Pinerolo zustimmen sollte, obwohl die spanische Delegation nach den gescheiterten spanisch-französischen Verhandlungen bereits abgereist war. Erneut fanden die Gesandten der Dritten Partei eine Lösung, die in Nebenurkunden festgehalten wurde und Frankreich weitere territoriale Faustpfänder (Waldstädte) einbrachte, sowie die Zahlung der Entschädigungssumme an den Erzherzog von Österreich bis zur (unwahrscheinlichen) Zustimmung Spaniens aufschob.

Damit war der Weg zum Friedensschluss endlich frei, der am 24. Oktober 1648 in Münster zwischen dem Kaiser und den beiden Kronen in einem komplizierten Procedere unterzeichnet werden konnte. Die Reichsstände benannten siebzehn Bevollmächtigte, die stellvertretend für alle anderen unterschrieben und deren Höfe die Ratifikationen leisten sollten. Mit dem vier Monate später (18. Februar 1649) in Münster erfolgten Austausch der Ratifikationen erlangten die Verträge ihre Rechtsgültigkeit. Die Arbeit des Kongresses war getan und die Gesandten reisten allmählich ab.

V. Die Friedensinstrumente

Die Friedensinstrumente sind in lateinischer Sprache verfasst. Das IPO besteht aus 17 Artikeln mit zahlreichen Paragraphen, das IPM aus 120 Paragraphen. Der Text des kaiserlich-schwedischen IPO, in dem der deutsche Reichs- und Religionsfrieden geregelt ist, wird im kaiserlich-französischen IPM bestätigt. Nur beide Verträge zusammen stellten den Frieden her und bildeten ein Friedenswerk, was sich in einheitlichen Formulierungen bei den Regelungen zum allgemeinen Frieden und dem allgemeinen Amnestie- und Restitutionsgebot, den verfassungs- und religionsverfassungsrechtlichen Regelungen für das Reich und den Schlussbestimmungen niederschlug. Die Streitigkeiten mit den Kronen wurden jedoch in IPO (mit Schweden) und IPM (mit Frankreich) separat behandelt. Das IPM enthält die komplizierten französischen Satisfaktionsregelungen (§§ 69–91), die Kaiser und Reich sowie das Haus Österreich und dessen Forderungen an Frankreich betrafen, das Assistenzverbot für den Kaiser im spanisch-französischen Krieg (§ 3), die lothringische Frage (§ 4) und die kontroversen Rechtsansprüche Savoyens und Mantuas über Montferrat (§§ 92–97).

Im Westfälischen Frieden sind Völkerrecht und Reichsverfassungsrecht vermengt. Die Verträge bestimmten gleichzeitig einen internationalen Friedensschluss zwischen Vertragspartnern und einen Reichsfrieden, der den Ewigen Landfrieden von 1495 wiederherstellte und vom Reichstag als Reichsgrundgesetz angenommen werden musste – das geschah mit dem Jüngsten Reichsabschied (JRA) von 1654.

Beide Friedensinstrumente werden mit einer Invocatio Dei (Gottesbezug) und einer Präambel eingeleitet, in der der Anlass, die Vorgeschichte des Vertrags und die Vertreter der Vertragsparteien aufgeführt werden. Es folgt der jeweilige Vertragstext, der auf den Vorabkommen beruht und vier Bereiche regelt:

1. Die Herstellung eines allgemeinen Friedens zwischen den Vertragsparteien; 2. Konflikte der Reichsverfassung und der Reichsreligionsverfassung; 3. Territoriale Satisfaktion von Frankreich und Schweden sowie Konflikte zwischen zum einen Kaiser und Reich, zum anderen Kaiser, Reich und den beiden Kronen; 4. Allgemeine Schlussbestimmungen zu Ratifikation, Vollzug sowie Garantie und Sicherung des Friedens. Beglaubigung und Datierung schließen die Texte ab. Dann finden sich die Vollmachten der Gesandten und zum Schluss die Unterschriften der Unterhändler, die ihre Privatsiegel auf die linke Seite des Blattes drückten.

Der Friede wurde unter den Vertragspartnern (IPO: Kaiser Ferdinand III. und das Reich mit Königin Christina und dem Königreich Schweden; IPM: Kaiser und Reich mit König Ludwig XIV. und dem Königreich Frankreich) und ihren jeweiligen Verbündeten hergestellt. Die Vereinigten Provinzen der Niederlande und der spanische König waren keine Vertragsparteien. In den Frieden mit eingeschlossen wurden im IPO (Art. XVII §§ 10, 11), ohne in den Krieg direkt involviert zu sein, alle weiteren regierenden europäischen Herrscher und Staaten mit Ausnahme des Papstes (der dem Westfälischen Frieden nicht zugestimmt hat) und des türkischen Sultans. Allerdings kann nicht von einer europäischen Friedensordnung oder einem Grundgesetz für Europa gesprochen werden.

Die Vertragstexte werden mit einer allgemeinen Friedensformel (Art. I IPO/ § 1 IPM) eröffnet, durch die der Krieg beendet und der Frieden vereinbart wird. Damit endete auch das Recht zu Kriegshandlungen untereinander und gegen die Bevölkerung. Die Gefangenen sollten freigelassen (Art. XVI § 7 IPO) und die Söldner an bestimmten Plätzen zusammengezogen werden, wo sie sich ruhig zu verhalten hatten, bis finanzielle Ausgleichsregelungen getroffen waren. Das lateinische Wort «pax» (pax sit – Es soll Frieden sein) ist das erste Wort des Vertrags und wird dadurch symbolisch hervorgehoben, was in vorherigen Friedensverträgen nicht der Fall gewesen war. Es sollte ein christlicher, allgemeiner und immerwährender Friede sein sowie wahre und aufrichtige Freundschaft herrschen. Auf diese Weise wurde der Friede traditionell durch die amicitia im Sinne der confoederatio gesichert, um eine wachsende Kooperation zu befördern. Die Handelsbeziehungen und Handelsprivilegien wurden wiederhergestellt, während des Krieges eingeführte Zölle beseitigt, der freie Handel wieder ermöglicht sowie das allgemeine Schuldrecht geregelt (Art. IX IPO/§§ 67, 68 IPM).

Der Begriff der «pax christiana», der offenbar erstmals im Prager Frieden 1635 verwendet wird und der die Westfälischen Friedensinstrumente einleitet, betont die seit dem Mittelalter bestehende Vorstellung einer Einheit der christlichen Welt (respublica christiana). Das «christiana» verlieh dem politischen Frieden auch eine «transzendentale Dimension» (Heinhard Steiger) und sollte die konfessionelle Spaltung rechtlich-politisch neutralisieren. Das Fundament des Friedens bildeten die gemeinsamen christlichen Wurzeln der Vertragspartner jenseits des konfessionellen Dissenses. Die Forderung nach einem universalen Frieden (pax universalis) rekurriert auf den ursprünglichen Anspruch auf einen Universalfriedenskongress. Ein universaler Frieden kam nicht zustande, aber er blieb als erstrebtes Ziel und Postulat für die Zukunft im Vertragstext enthalten. Der Anspruch eines immerwährenden Friedens hebt sich von der Praxis zeitlich befristeter Frieden ab. Um die Dauerhaftigkeit des Friedens zu gewährleisten, wurden eine Garantie und Sicherheitsmaßnahmen (Art. XVII §§ 4–6 IPO/§§ 114–116 IPM) vereinbart, die auf denen des Ewigen Landfriedens von 1495 basierten und diesen wiederherstellten. In diesem kollektiven Sicherheitssystem war jeder Vertragspartner dazu verpflichtet, den Frieden gegen Friedensbrecher zu schützen. Bei Vertragsbruch sollte nicht zu Gewaltmaßnahmen gegriffen, sondern in zwei Schritten vorgegangen werden. Zunächst sollte der Friedensbrecher abgemahnt und, bei Scheitern dieser Bemühungen, ein gütlicher Vergleich bzw. eine rechtliche Entscheidung herbeigeführt werden. Die Forschung hat darin ein Interventionsrecht für Frankreich und Schweden zur Sicherung der Reichsverfassung gesehen, aber mit den Reichsständen und dem Kaiser agierten weitere gleichberechtigte Vertragspartner, und die beiden Kronen wurden auch auf bestimmte Pflichten fest-

gelegt. Zum Sicherungssystem gehörte die sogenannte Antiprotestklausel (Art. XVII § 3 IPO/§ 113 IPM), wodurch die Friedensinstrumente Vorrang gegenüber älteren Rechtsprinzipien und
Privilegien erhielten; damit war vor allem das kanonische Recht
gemeint.

Die Forschung gelangt zu dem Ergebnis, es sei zu einer «Ver-
rechtlichung» des Friedens gekommen, Frieden sei als ein
«Rechtszustand mit bestimmten Rechtsfolgen» begriffen worden (Heinhard Steiger). Ehemals religiös-moralische Sicherungs-
elemente wie Vergebens- und Eidesklauseln seien durch rechtlich
geregelte Garantien ersetzt worden. Dazu gehöre auch das Feh-
len emotional aufgeladener Vorstellungen vom Krieg.

Um Frieden herzustellen, war es üblich und notwendig, dass
sich die Vertragspartner gegenseitig «immerwährendes Verges-
sen und Amnestie» gewährten, was alle seit Kriegsausbruch
1618 zugefügten Beleidigungen und Gewalttaten einschloss
(Art. II IPO/ § 2 IPM), auch alle Schäden und Kosten. Alle Wür-
denträger sollten wieder in ihre Ämter eingesetzt werden und
alle erfolgten Veränderungen hinfällig sein. Auf der Basis der
allgemeinen Amnestie wurde ein allgemeines Restitutionsgebot
(Art. III §§ 1, 2 IPO/§§ 5, 6 IPM) verabredet, das sich in zahlreichen einzelnen, mitunter widersprüchlichen Restitutionsregelungen (Art. IV IPO/§§ 7–46 IPM) niederschlug. Darunter finden sich
Ausnahmeregelungen, beispielsweise in der Pfalzfrage, für Böhmen, die österreichisch-habsburgischen Erblande sowie einige
weitere Reichsstände wie Württemberg, Baden, Löwenstein-Wert-
heim und Kurtrier.

Üblicherweise handelten die Kriegsparteien eine territoriale
Satisfaktion aus; so ergaben sich mit Friedensschluss Verschie-
bungen von Macht und Besitz. Hier ging es um die Satisfaktion
Frankreichs und Schwedens sowie die ihrer Verbündeten, wobei
Hessen-Kassel (Art. XV IPO/ §§ 48–60 IPM) einen besonderen
Stellenwert einnahm, da es am längsten auf Seiten der Kronen
gekämpft hatte. Es erhielt als Reichslehen die frühere Reichsab-
tei Hersfeld, vier Schaumburger Ämter und 600 000 Reichsta-
ler, die von verschiedenen Erz- und Hochstiften nach genauen
Zahlungsmodalitäten aufgebracht werden mussten. Zudem

wurde der Hessische Hauptvergleich vom 24. April 1648 über die Marburger Erbfolge in den Friedensinstrumenten bestätigt.

Die durch die Übertragung oder Abtretung von Reichsteilen an Frankreich und Schweden beeinträchtigten Reichsstände forderten eine Rekompensation ein. Im Fall der schwedischen Territorialsatisfaktion erfolgte die Entschädigung fast ausschließlich durch Rückgriff auf nordwestdeutsches Reichskirchengut (Art. X, XI IPO). Das Herzogtum Vorpommern mit dem Fürstentum Rügen, Stadt und Hafen Wismar einschließlich von zwei Ämtern, die in weltliche Herzogtümer umgewandelten Stifte Bremen-Hamburg sowie Verden und eine Anwartschaft auf einen Teil der Pfründe des ehemaligen Hochstifts Kammin in Hinterpommern sollten an Schweden gehen. Für diese Reichslehen erhielt Schweden Sitz und Stimme auf dem Reichstag und war auf dem Niedersächsischen Kreistag vertreten. Der Stadt Stralsund wurde eine Bestandsgarantie gegeben. Zudem bekam Schweden das Recht zugesprochen, eine neue Universität zu gründen. Für die überlassenen Gebiete wurde Schweden das privilegium de non appellando verliehen, wodurch die Untertanen nicht mehr an die höchsten Gerichte des Reiches appellieren konnten. Später wurde das Wismarer Tribunal als höchste Appellationsinstanz für die schwedischen Reichsgebiete eingerichtet. Schweden durfte seine Soldaten in diesen Territorien stationieren und unterhalten. Es kontrollierte nun über eine Kette von Häfen die Ostsee sowie wichtige Flussmündungen und konnte Zölle erheben; der dänische Einfluss im Ostseeraum war deutlich eingeschränkt. Mit Pommern existierte ein Puffer zu Polen.

Kurbrandenburg wurde für seinen Verzicht auf die den Schweden zugesprochenen Gebiete mit den bisherigen Hochstiften Halberstadt und Minden als weltliche Fürstentümer sowie durch eine Anwartschaft auf das unter kursächsischer Administration stehende Erzstift Magdeburg entschädigt, das nach dem Tod des regierenden Administrators in ein weltliches Herzogtum umgewandelt werden sollte. Ähnlich wurde das Haus Mecklenburg-Schwerin (Art. XIII IPO) abgefunden, das für die Abtretung Wismars mit den ehemaligen Hochstiften Schwerin und Ratzeburg bedacht wurde. Die damit zusammen-

hängenden Ansprüche von Mecklenburg-Güstrow, die Frage
der Reichssteuern und der Elbzölle wurden geklärt.

Artikel XIII IPO enthält für das Fürstbistum Osnabrück eine
spezielle Regelung, die aus den Entschädigungsansprüchen des
Hauses Braunschweig-Lüneburg für entgangene Versorgungsmöglichkeiten seiner nachgeborenen Söhne resultierte. Die seit
Februar 1647 erwogene Einführung eines Alternats zwischen
einem gewählten katholischen Bischof und einem Administrator
aus dem Hause Braunschweig-Lüneburg war nun festgeschrieben
worden, wobei das Fürstbistum zunächst an den Fürstbischof
Franz Wilhelm von Wartenberg zurückfiel; nach seinem Tod
sollte dann ein Prinz aus dem Hause Braunschweig-Lüneburg
zum Zuge kommen. Im Fürstbistum Osnabrück hatte strikt die
kirchliche Normaljahrsregelung mit dem Stichtag 1. Januar
1624 zu gelten. Zur Umsetzung dieser Vorgaben wurde auf dem
Nürnberger Exekutionstag 1650 die sogenannte Capitulatio
Perpetua Osnaburgensis erlassen. Sie stellte für das Fürstbistum
Osnabrück eine besondere verfassungsrechtliche Regelung dar
und wird deshalb als «Stiftsgrundgesetz» bezeichnet. Ihre Bestimmungen regelten nicht nur die alternierende Sukzession, sie
legten auf Basis des Normaljahres den konfessionellen Zustand
von Dörfern, Städten und Gemeinden im Fürstbistum Osnabrück fest und führten Schutzmechanismen für die Konfessionen ein. Diese einzigartige Regelung ist in vielfacher Weise bis
heute in Osnabrück spürbar und hat das Selbstverständnis der
Stadt nachhaltig geprägt.

Neben der schwedischen Territorial- wurde auch seine Militärsatisfaktion in Höhe von fünf Millionen Reichstalern sowie
deren Zahlungsmodalitäten im IPO (Art. XVI § 8) festgehalten,
allerdings noch unklar formuliert; die endgültige Regelung erfolgte auf dem Nürnberger Exekutionstag 1649/50. Hinsichtlich
der französischen Territorialsatisfaktion (§§ 69–91 IPM) blieb es
bei den Vereinbarungen des Vorvertrags, obwohl Frankreich im
Juli 1648 einen Staatsbankrott erlitt und in Paris Aufstände aus-
brachen. Die von den Reichsständen gewünschten Bestands-
garantien für die elsässischen Reichsstädte (Dekapolis) fanden
keinen Eingang in den Vertragstext. Frankreich wurden das su-

premum dominium und die iura superioritatis über die lothringischen Städte und Diözesen Metz, Toul und Verdun, die de
facto schon der französischen Verwaltung unterstanden, endgültig abgetreten. Es erhielt die Jurisdiktions- und Hoheitsrechte sowie das supremum dominium über fast das gesamte
Elsass (Landgrafschaft des Ober- und des Unterelsass), die
Stadt Breisach, das Sundgau und das Schutzrecht über die Dekapolis der Reichslandvogtei Hagenau. Mit dem Protektions-
und Garnisonsrecht in Philippsburg wurde der Krone Frankreich zudem eine zweite Festung eingeräumt. Damit war ein
zentrales Ziel der Franzosen erfüllt, nämlich auf der rechten
Rheinseite mit den Festungen Breisach und Philippsburg einen
Brückenkopf zu bilden, der ihnen jederzeit die Möglichkeit bot,
in das Reich einzugreifen. Um diese Position zu schützen, wurde
festgelegt, dass die Franzosen zu ihren Festungen über Reichsgebiet ziehen durften. Andere Festungen sollten zerstört und der
Bau neuer Festungen auf dem rechten Rheinufer untersagt werden. Schließlich traten Kaiser und Reich das lehnsrechtliche
Obereigentum sowie die Hoheitsrechte an der piemontesischen
Grenzfestung Pinerolo an Frankreich ab.

Bedeutender noch war für Frankreich, dass das kaiserliche
Assistenzverbot im noch andauernden spanisch-französischen
Krieg im IPM (§ 3) festgeschrieben wurde. Die lothringische
Frage blieb offen.

Neben den territorialen Veränderungen durch die Satisfaktion
ergaben sich durch die Amnestie- und Restitutionsregelungen
für das Reich weitere Gebietsverschiebungen, vor allem durch
die Pfalzfrage (Art. IV §§ 2–19 IPO/§§ 10–23 IPM). Die bayerischen Wittelsbacher blieben im erblichen Besitz der Oberpfalz
und der pfälzischen Kurwürde und nahmen damit unter den
weltlichen Kurfürsten den ersten Rang ein. Für Karl I. Ludwig,
den Sohn des ehemaligen Kurfürsten Friedrich V. von der Pfalz,
sowie dessen Nachfahren war die Belehnung mit der rechts- und
linksrheinischen Unterpfalz vorgesehen. Zudem wurde – in Ab-
änderung der Reichsverfassung und insbesondere der Goldenen
Bulle von 1356 – für die pfälzischen Wittelsbacher eine neue,
achte Kurwürde geschaffen.

Das oftmals in der Literatur behauptete formaljuristische Ausscheiden der Vereinigten Provinzen der Niederlande aus dem Reichsverband wird in den Friedensinstrumenten an keiner Stelle erwähnt und kann daher allenfalls als indirekte Folge des spanisch-niederländischen Friedens von Münster angesehen werden. Im Rahmen der Friedensverhandlungen erreichte erstaunlicherweise der Bürgermeister der Stadt Basel, Johann Rudolf Wettstein, bezüglich eines anhängigen Reichskammergerichtsverfahrens gegen die Stadt Basel die Entlassung der Schweizer Eidgenossenschaft aus den Reichspflichten und die Exemtion von den Reichsgerichten (Art. VI IPO), obwohl das ursprünglich nicht Verhandlungsgegenstand war und die Eidgenossen auch keine Kriegspartei darstellten.

Neben den territorialen Veränderungen bilden die Bestimmungen für das Heilige Römische Reich Deutscher Nation den eigentlichen Kern der Friedensinstrumente, und zwar allgemeine verfassungsrechtliche Aspekte und die Religionsverfassung des Reiches, deren detaillierte Regelungen den weitaus größten Umfang einnehmen. Ausgerechnet die von der Nachwelt am heftigsten kritisierten Bestimmungen des Verfassungsrechts wurden relativ kurz und bündig abgehandelt; Artikel VIII IPO beinhaltet keine Neuregelungen, sondern stellt in drei Paragraphen das alte Herkommen und die Rechte der Reichsstände wieder her; von einer Souveränität, die den Reichsständen dadurch verliehen worden sei, kann keine Rede sein. In § 1 werden die alten Rechte, Vorrechte, Freiheiten, Privilegien und die freie Ausübung der überkommenen Herrschaftsrechte (ius territoriale) im Sinne der «teutschen Libertät» bestätigt; notwendig war dies, weil die Kaiser im Verlauf des Dreißigjährigen Krieges versucht hatten, die Verfassung einseitig im monarchischen Sinne auszulegen. In § 2 wird das seit längerer Zeit praktizierte Bündnisrecht untereinander und mit ausländischen Mächten bekräftigt, wenn es dem eigenen Schutz dient und nicht gegen Kaiser und Reich gerichtet ist; damit waren die Regelungen des Prager Friedens außer Kraft gesetzt. Alle Reichsangelegenheiten bedurften nun ihrer Zustimmung, wobei Entscheidungen über Krieg und Frieden, über Bündnisse, die Reichssteuern oder den

Erlass bzw. die Auslegung von Reichsgesetzen gesondert be-
nannt werden. Der Reichstag als zentrales politisches Kommuni-
kationsforum des Reiches war wieder in Kraft gesetzt, nachdem
zwischen 1613 und 1640 kein Reichstag stattgefunden hatte. § 3
enthält alle Reichsangelegenheiten (negotia remissa), die in den
Westfälischen Friedensverhandlungen zurückgestellt worden
waren wie die Frage der Königswahl, der Wahlkapitulationen,
das Recht der Verhängung der Reichsacht, die Kreisverfassung,
fiskalische Aspekte, die Reform des Reichsjustizwesens und Ähn-
liches; sie sollten auf künftigen Reichstagen behandelt werden.
Entscheidende Teile der Reichsverfassung blieben ungeregelt,
was zum einen neue Konflikte hervorrufen konnte, aber auch die
traditionelle Flexibilität der Reichsverfassung bewahrte.

Der Charakter der Reichsverfassung als Wahlmonarchie und
die besondere Rolle der Habsburger als kaiserliche Dynastie
blieben erhalten. Die kaiserlichen Reservat- und Gnadenrechte
wurden nicht angetastet, was dem Kaisertum einen allmählichen
Wiederaufstieg ermöglichte. Artikel VIII IPO stellte den Vor-
kriegszustand wieder her, allerdings wurden die Möglichkeiten
einer aktiven Außenpolitik von Kaiser und Reich beschnitten
und das Reich als «defensiver Rechtsverband» (Christoph
Kampmann) konturiert. Der Westfälische Frieden sollte immer
gültiges Grundgesetz des Reiches (Art. XVII IPO) sein.

Eine diplomatische Meisterleistung und das Kernstück des
Friedens ist das Reichsreligionsrecht (Art. V, VII IPO), der zweite
Religionsfrieden. Zunächst werden der Passauer Vertrag von
1552 und der Augsburger Religionsfrieden von 1555 bestätigt.
Der Westfälische Frieden sei bis zu einer kirchlichen Wiederver-
einigung als dauerhaft gültige Erläuterung des Augsburger Religionsfriedens anzusehen. Eine Reihe von Modifikationen sollte
die durch die Lücken des Augsburger Religionsfriedens ausge-
lösten Konflikte ausräumen. Nur durch gütliche Übereinkunft
(amicabilis compositio) der beiden Konfessionsparteien auf den
Reichstagen (Corpus Catholicorum und Corpus Evangelicorum
einschließlich der Reformierten) sollte es künftig möglich sein,
Glaubensfragen zu behandeln; ohne zu klären, was darunter zu
verstehen war. Der Reichstag wurde damit zum institutionellen

Garanten des Religionsfriedens. Im Konfliktfall sollten die Konfessionsparteien jede für sich beraten (itio in partes), um anschließend gemeinsam einen Kompromiss zu suchen. Dadurch wollte man verhindern, dass die katholische Mehrheit der Reichsstände die evangelische Minderheit überstimmte. Auf diese Weise wurde der Konfessionskonflikt verfahrensrechtlich und institutionell gebunden. Alle Reichsstände wurden auf die Einhaltung der Bestimmungen verpflichtet.

Grundsätzliche Norm des Reichsreligionsrechts bildete die rechtliche Gleichheit – volle Parität – zwischen den Konfessionen, wobei die Calvinisten durch eine geschickte Formulierung als Untergruppe der Augsburger Konfessionsverwandten in den Schutz des Religionsfriedens einbezogen wurden. Für eine Reihe von Reichsinstitutionen (Reichsdeputationen, Reichskommissionen, Reichskammergericht und Reichshofrat) mussten Regelungen zugunsten konfessioneller Parität getroffen werden.

Christliche Sekten blieben weiterhin verboten. Das innerevangelische Verhältnis zwischen Lutheranern und Reformierten betreffend sollte unabhängig von der Konfession der evangelischen Landesherrschaft der konfessionelle Zustand von 1648 gelten. Die geistliche Jurisdiktion blieb in katholischen Territorien in Kraft, in lutherischen und reformierten Gebieten wurde sie suspendiert. Der Geistliche Vorbehalt wurde bestätigt und das lutherische Reichskirchengut (Lübeck, Gandersheim, Herford, Quedlinburg und mit Sonderregelung das Fürstbistum Osnabrück) darin einbezogen. Für gemischtkonfessionelle Domkapitel und Bistümer galt wie für die konfessionelle Besitzstandsverteilung und den konfessionellen Status der 1. Januar 1624 als neues, zeitlich unbefristetes Normaljahr. Alle zwischen 1552 und 1624 vorgenommenen Besitzveränderungen zugunsten der Protestanten wurden dadurch legalisiert.

Detaillierte Bestimmungen zur konfessionellen Parität innerhalb von Stadtverfassungen wurden für die gemischtkonfessionellen schwäbischen Reichsstädte Augsburg, Biberach, Dinkelsbühl und Ravensburg festgelegt; der «Fall Donauwörth» blieb ungeklärt.

Durch die Normaljahrsregelung wurde das im Augsburger

Religionsfrieden festgelegte und im Westfälischen Frieden erneuerte ius reformandi (Art. V § 30 IPO) für alle Reichsunmittelbaren (einschließlich der Reichsstädte) deutlich eingeschränkt.
Wenn zum Stichtag innerhalb eines Territoriums konfessionelle
Minderheiten existierten, die ihren Glauben öffentlich oder pri-
vat (Hausandacht) praktiziert hatten, musste der Landesherr
ihnen das weiterhin zugestehen. Anders lautende vertragliche
Vereinbarungen (mit Ausnahme derjenigen von Hildesheim)
wurden annulliert. Der Landesherr durfte Konfessionen tolerieren, die 1624 ihren Glauben noch nicht ausgeübt hatten; ihnen
stand dann die Hausandacht zu. Ansonsten waren sie mit allen
anderen Untertanen rechtlich gleichgestellt. Der Landesherr
war aber auch dazu berechtigt, sie nach einer Frist von drei bzw.
fünf Jahren zur Emigration zu zwingen. Ihnen sollten dadurch
keine eigentumsrechtlichen Nachteile entstehen. Sie sollten ihren Besitz weiterhin verwalten dürfen. Gleiches galt für diejenigen, die freiwillig auswanderten.

Falls der Landesherr nach 1648 die Konfession wechselte,
was mehrfach geschah, galt für die Bevölkerung der konfessionelle Zustand von 1624 bzw. beim Konfessionswechsel innerhalb der evangelischen Konfessionen von 1648. Ausgenommen
von diesen Regelungen waren die österreichischen und böhmischen Erblande der Habsburger. Die dort während des Krieges
erfolgte Rekatholisierung wurde im Friedensschluss bestätigt,
wobei den Protestanten in Niederösterreich und Schlesien Zugeständnisse gemacht wurden; so erhielt der evangelische land-
tagsberechtigte Adel eine Bleibegarantie, in Schlesien durften
die Protestanten drei Holzkirchen in Jauer, Schweidnitz und
Glogau außerhalb der Stadtmauern bauen. Im Allgemeinen
wurde das ius reformandi in den habsburgischen Erblanden jedoch nicht angetastet. Des Weiteren erhielten die Lutheraner in
der reformierten Kurpfalz einen Minderheitenstatus und den
Bayern wurde in der Oberpfalz die Möglichkeit der Rekatholisierung eingeräumt.

Erst die rechtliche Einhegung der konfessionellen Konflikte
schuf die Voraussetzungen dafür, dass das Heilige Römische
Reich Deutscher Nation als Rechtsverband weiterhin existieren

konnte. Das Ziel, möglichst dauerhafte Lösungen zu finden, um einen weiteren Religionskrieg im Reich zu verhindern, war erreicht und ist als Erfolg des Friedenskongresses zu werten. Für das Heilige Römische Reich Deutscher Nation, dessen reformierte Verfassungsstruktur eine Friedensordnung erneuerte, die für einen langen Zeitraum Sicherheit und Stabilität gewährleistete, hat der Westfälische Frieden deshalb größte Bedeutung. Versuche, die Friedensbestimmungen in der Folge zu unterlaufen, die durchaus immer wieder unternommen wurden, änderten nichts an der normativen Bestandskraft dieses Fundamentalgesetzes, in dem sich das Reichsstaatsrecht (ius publicum imperii romanogermanici) manifestierte.

Eine auf längere Sicht stabile europäische Friedensordnung wurde auf dem Westfälischen Friedenskongress jedoch nicht geschaffen. Mit Blick auf den spanisch-französischen Krieg, der erst im Pyrenäenfrieden von 1659 beendet werden konnte, lässt sich sogar von einem gescheiterten europäischen Frieden (Michael Rohrschneider) sprechen. Durch die Verhandlungen von Münster und Osnabrück entstanden jedoch Regeln, wie die europäischen Staaten künftig miteinander umgehen sollten. Sie sind das Fundament des europäischen Völkerrechts.

VI. Reaktionen, Wirkungen und Wahrnehmungen

Der Westfälische Friedenskongress war ein Medienereignis. Viele Informationen der eigentlich streng geheimen Verhandlungen gelangten unmittelbar in die Öffentlichkeit. Innerhalb weniger Monate nach Friedensschluss war der lateinische Vertragstext in rund 40 000 Exemplaren in Form von Flugschriften und in verschiedenen Übersetzungen in Umlauf. Unverzüglich setzte eine breite und intensive Friedenspublizistik ein, die als beschwörender Appell an die Herrschenden gedeutet wird, den erreichten Frieden zu bewahren. Die Tatsache, dass ein Großteil der über 200 bekannten Friedensfeste erst 1649/50 stattfand, weist auf die Skepsis der Bevölkerung gegenüber der Bestandskraft des in Münster und Osnabrück geschlossenen Friedens hin. Wesentliche Durchführungsbestimmungen wie die Abdankung der Truppen, die Räumung bestimmter Plätze, die Beendigung der Kriegskontributionen sowie einige Entschädigungsfragen waren nicht geklärt worden und wurden erst auf einem eigenen Exekutionstag behandelt, der im April/Mai 1649 auf Initiative Schwedens in Nürnberg begann. Neben kaiserlichen und schwedischen Gesandten nahmen französische und reichsständische Vertreter teil, so dass die Versammlung einen reichstagsähnlichen Charakter bekam. Die Verhandlungen gestalteten sich äußerst schwierig und wurden in zwei Rezessen festgehalten, dem Interims-Rezess vom September 1649 sowie dem Reichsfriedensrezess vom Juli 1650. Diese Durchführungsbestimmungen wurden ebenso wie die Friedensinstrumente zu Reichsgrundgesetzen und gingen in den für die Reichsverfassung so wichtigen Jüngsten Reichsabschied vom 17. Mai 1654 ein. Ein entscheidendes Verhandlungsergebnis, der Abbau von über einem Drittel fester Truppenplätze, wurde mit dem sogenannten Schwedischen Friedensmahl gefeiert und durch ein zeitgenössisches Gemälde von Joachim von Sandrart festgehal-

ten. In seiner historischen Bedeutung nimmt es als Gedächtnis-
bild einen ähnlichen Rang wie Gerard ter Borchs Gemälde
«Beschwörung des spanisch-niederländischen Friedens» ein,
welches zum Sinnbild für den Westfälischen Frieden wurde,
obwohl es eigentlich an die Beendigung des Achtzigjährigen
Krieges erinnert.

In der nach 1648 einsetzenden Erinnerungskultur zeichnet
sich ein konfessioneller Unterschied ab. Von einem Teil der katholischen Reichsstände wurden die Ergebnisse der Friedensverhandlungen als Niederlage betrachtet, obwohl die Katholiken letztlich in vielen Bereichen (z. B. katholische Mehrheit im
Kurfürstenkollegium) ihre Positionen bewahren konnten. Insbesondere gegen die Säkularisationen und die Abtretungen von
Reichskirchengut hatten die in Münster verbliebenen kompromissunwilligen «Maximalisten» protestiert, der Grund auch
für den förmlichen Protest des Papstes gegen den Westfälischen
Frieden. Aufgrund der Antiprotestklausel und der Friedenssehnsucht der Bevölkerung fand dieser jedoch keine Resonanz.
Die Protestanten sahen hingegen die Ergebnisse als Sieg an, da
sie die Maximalforderungen der katholischen Partei hatten ab-
wehren können. Die Friedensfeste besaßen infolgedessen – wie
das bis heute jährlich veranstaltete Hohe Friedensfest in Augsburg – überwiegend den Charakter einer demonstrativen Zur-
schaustellung des deutschen Luthertums.

Im 17. und 18. Jahrhundert wurde das Reichsreligionsrecht
von lutherischen Reichspublizisten und Staatsrechtslehrern ge-
rühmt, weil es die Rechte der Protestanten im Verbund mit der
«teutschen Libertät» der Reichsstände sicherte. Eine Minderheit der katholischen Publizisten äußerte sich weiterhin kri-
tisch. Konfessionelle Konflikte und gegenseitiges Misstrauen
bestanden weiterhin fort. Anfang des 18. Jahrhunderts war die
Situation wieder so angespannt, dass viele einen erneuten Religionskrieg befürchteten. Dass es bis zum Ende des Heiligen Römischen Reiches Deutscher Nation (1806) dazu nicht kam, kann
auch der Autorität des Westfälischen Friedens zugeschrieben
werden.

Ideengeschichtliche Wirkung entfaltete der Westfälische Frieden insofern, als er im Umfeld des Friedens von Utrecht, Rastatt und Baden (1713/14) dem Abbé de Saint-Pierre als Vorbild für die künftige Ausgestaltung des europäischen Staatensystems diente. Wenig später sah der französische Aufklärer Jean-Jacques Rousseau das im Westfälischen Frieden für das Reich geschaffene System zur Beibehaltung des Gleichgewichts in Europa als unerlässlich an. Auch wenn sich ab Mitte des 18. Jahrhunderts vor dem Hintergrund des preußisch-österreichischen Dualismus die Kritik an der Reichsverfassung mehrte und die Forderung nach einer Reform lauter wurde, stellte man den Westfälischen Frieden niemals grundsätzlich in Frage.

Mit dem Untergang des Heiligen Römischen Reiches Deutscher Nation 1806 endete auch das Reichsstaatsrecht. Nichtsdestotrotz diente der Westfälische Frieden nach den Napoleonischen Kriegen zunächst noch als Orientierung für die verschiedenen politischen Bemühungen einer Neuordnung in Deutschland, wobei man sich der durch ihn geschaffenen Friedenstradition verpflichtet fühlte.

Im Zuge der Formierung des deutschen Nationalstaats ab Mitte des 19. Jahrhunderts wurde der Westfälische Frieden immer negativer bewertet. Insbesondere die kleindeutsch-borussische Geschichtsschreibung mit ihren bekanntesten Protagonisten Heinrich von Treitschke und Johann Gustav Droysen sorgte dafür, dass man in ihm bis in die 1960er Jahre ein «nationales Unglück» (Fritz Dickmann) sah. In bewusster Verkennung der Quellen und der geschichtlichen Entwicklung wurde er für die vermeintliche äußere Schwäche, die innere Zerrissenheit und die Fremdbestimmung des Reiches, insbesondere durch den «Erbfeind» Frankreich verantwortlich gemacht. Die Reichsgründung von 1871 unter preußischer Ägide wurde durch die geschichtswissenschaftliche Konstruktion eines hoffnungslosen Zerfalls des frühneuzeitlichen Reiches nach 1648 legitimiert. Nach dieser Lesart war nur Preußen in der Lage, den positiv konnotierten, mittelalterlichen Reichsgedanken in Form der Gründung eines Nationalstaates wiederzubeleben.

Erst nach dem Zweiten Weltkrieg und unter Eindruck der europäischen Integration wurde das Heilige Römische Reich

Deutscher Nation in der bundesrepublikanischen Geschichtsforschung wiederentdeckt. Seine Rechtsordnung, die integrativen Reichsinstitutionen, die Nichtangriffsfähigkeit oder die föderativen Verfassungsstrukturen gewannen angesichts der totalen Katastrophe des Zweiten Weltkriegs und vor dem Hintergrund des föderalen Staatsverständnisses der jungen Bundesrepublik eine neue Bedeutung. Wie in der Frühen Neuzeit wurde der friedenserhaltende und -sichernde Charakter des Westfälischen Friedens und der Reichsverfassung wieder betont. Einen Höhepunkt stellte 1998 das 350. Jubiläum des Westfälischen Friedens in Münster und Osnabrück dar, das mit einer großen Europaratsausstellung und vielen Veranstaltungen gefeiert wurde. Eine Flut von wissenschaftlichen und populärwissenschaftlichen Publikationen erschien. In der Euphorie ging man in der positiven Bewertung des Westfälischen Friedens mitunter zu weit. Heute wird die befriedende Wirkung mit Blick auf die fortwährenden, seit 1648 allerdings rechtlich ausgetragenen Religionskonflikte eher relativiert, während diplomatie- und kulturgeschichtliche Forschungen neue Aspekte einer spezifisch frühneuzeitlichen Friedenskultur entdecken.

Kontrovers wird inzwischen vor allem die politikwissenschaftliche Theorie eines «Westphalian System», basierend auf den drei Prinzipien der Legalität, Souveränität und Territorialität, diskutiert. Sie besagt, mit dem Westfälischen Frieden sei das moderne internationale Staatensystem entstanden, geprägt von einem Nebeneinander sich gegenseitig anerkennender, gleichberechtigter und nach innen wie außen völkerrechtlich souveräner Staaten. Die Geschichtswissenschaft lehnt diese Theorie weitgehend ab, weil weder die Beschlüsse des Westfälischen Friedenskongresses noch die Entwicklung nach 1648 diesem idealtypischen Verlaufsmodell entsprechen. Allerdings weisen einige Entwicklungen wie die Mehrstaatlichkeit anstelle hierarchischer Ordnungsvorstellungen oder die Bedeutung des Westfälischen Friedens als «Referenzfrieden» (Johannes Burkhardt) für spätere Friedensverträge in diese Richtung.

Letztlich lässt sich die Bedeutung des Westfälischen Friedens nicht nur daran messen, inwiefern er nach 1648 politische Ordnungsstrukturen in Europa und der Welt geschaffen hat. Ebenso wichtig ist die Frage, wie die in ihm entwickelten innovativen Friedenslösungen fortgewirkt und eine eigene Friedenstradition hervorgebracht haben.

Zeitleiste

1618

23. Mai   Prager Fenstersturz (Beginn des Dreißigjährigen Krieges)

1619

20. März   Tod von Kaiser Matthias (Verhandlungsergebnisse Kursachsens zu einem Waffenstillstand in Eger werden deswegen nicht umgesetzt)

28. Aug.   Kaiserwahl Ferdinands II.

1620

3. Juli   Ulmer Neutralitätsabkommen (Katholische Liga und protestantische Union)

8. Nov.   Schlacht am Weißen Berg (Erfolg der Ligatruppen, Flucht Friedrichs V. von der Pfalz, Restitution der Habsburger Herrschaft in Böhmen)

1623

25. Feb.   Übertragung der pfälzischen Kurwürde auf Maximilian von Bayern

1624

1. Jan.   Normaljahrstermin (der konfessionelle Zustand zu diesem Zeitpunkt wird 1648 als maßgeblich für die Religionsverfassung im Reich festgelegt)

1625

Sommer   Christian IV. von Dänemark (seit April Vorsteher des Niedersächsischen Reichskreises) tritt in den Krieg gegen den Kaiser ein

19. Dez.   Haager Konvention (Dänemark, England, Generalstaaten; antihabsburgische Koalition)

1629

6. März   Kaiserliches Restitutionsedikt (kaiserlicher Diktatfrieden, enge katholische Auslegung des Augsburger Religionsfriedens, kaiserliche Forderung nach Wiederherstellung des seit 1552/55 säkularisierten geistlichen Besitzes)

22. Mai	Lübecker Frieden (Kaiser und dänischer König, Ausscheiden Christians IV. von Dänemark aus dem Dreißigjährigen Krieg)

1630

6. Juli	Landung Gustav II. Adolfs von Schweden auf der Insel Usedom (Eingreifen Schwedens in den Dreißigjährigen Krieg)
3. Juli bis 12. Nov.	Regensburger Kurfürstentag (u. a. Aussetzen des Restitutionsedikts, Entlassung des kaiserlichen Generals Wallenstein)

1631

23. Jan.	Vertrag von Bärwalde (Frankreich und Schweden, Subsidienvertrag)
20. Feb. bis 12. April	Leipziger Konvent (Reichsständisches Bündnis)
21. Juni	Bündnis Schwedens mit Kurbrandenburg
11. Sept.	Bündnis Schwedens mit Kursachsen

1632

16. Nov.	Schlacht bei Lützen (Tod Gustav II. Adolfs von Schweden)

1633

15. April	Heilbronner Bund (Schweden und einige protestantische Reichsstände; Bündnisvertrag, der durch den Prager Frieden 1635 aufgelöst wird)

1634

25. Feb.	Ermordung Wallensteins in Eger
23. Nov.	«Pirnaer Noteln» (Kaiser und Kursachsen, Präliminarfrieden zum Prager Frieden von 1635)

1635

19. Mai	Kriegserklärung Frankreichs an Spanien (in der Folge auch Beginn der Kriegshandlungen zwischen Frankreich und Österreich-Habsburg)
30. Mai	Prager Frieden (Kaiser und Kursachsen, sukzessiver Beitritt fast aller Reichsstände; u. a. Aussetzung des Restitutionsedikts für 40 Jahre)

1636

30. März	Vertrag von Wismar (Frankreich und Schweden; Subsidienvorschuss für Schweden, Verbot separater Friedensverhandlungen)

15. Sept. 1636 bis 23. Jan. 1637	Regensburger Kurfürstentag (u. a. Wahl Ferdinands III. am 22. Dez. 1636)
Herbst	Beginn des Kölner Kongresses (Päpstliche Friedensinitiative)

1638

März	Hamburger Vertrag (Frankreich und Schweden)

1640

3. Feb. bis 7. Juli	Nürnberger Kurfürstentag
bis Okt. 1641	Regensburger Reichstag

1641

25. Dez.	Hamburger Präliminarfrieden (Kaiser und Frankreich/Schweden; Festlegung von Münster und Osnabrück als Orte eines Universalfriedenskongresses, der am 25. März 1642 beginnen soll)

1642

19. April	Goslarer Frieden (Kaiser und Braunschweig-Lüneburg)

1643

Mai/Juni	Neutralisierung der Kongressstädte Münster und Osnabrück
22. Dez.	Schwedischer Angriff auf Dänemark (Beginn des Torstenssonkrieges, infolgedessen Abzug der dänischen Gesandtschaft aus Osnabrück)

1644

20. Nov.	Abschließende Fassung der Zulassungspapiere wird erstellt, um am 20. Januar 1645 versandt zu werden
4. Dez.	Erste Friedenspropositionen werden dem Kaiser übergeben

1645

6. März	Schlacht von Jankau
11. Juni	Zweite Friedenspropositionen werden vorgetragen.
23. Aug.	Friede von Brömsebro (Dänemark und Schweden)
29. Aug.	Kaiserliche Einladung zum Westfälischen Friedenskongress an alle Reichsstände
Aug./Sept.	Frieden von Wien zwischen dem Kaiser und Siebenbürgen
29. Nov.	Ankunft des kaiserlichen Bevollmächtigten Maximilian Graf von Trauttmansdorff in Münster
25. Dez.	Zusammenstellung protestantischer Religionsgravamina

1646

8. Feb.	Katholische Religionsgravamina werden artikuliert
14. April	Trauttmansdorff bietet Frankreich das Elsass als Territorialsatisfaktion an
17. Mai	Die Gesandtschaft der Generalstaaten übergibt der spanischen Legation einen 71 Artikel umfassenden Friedensentwurf
13. Sept.	Kaiserlich-französischer Vorfriede in Münster (September-Artikel)

1647

7. Feb.	Schweden und Kurbrandenburg einigen sich auf eine Teilung Pommerns
18. Feb.	Kaiserlich-schwedischer Vorvertrag
13. Juni	Trauttmansdorffianum (letzter von mehreren Entwürfen des Westfälischen Friedens, der später im Wesentlichen übernommen wird)
16. Juli	Trauttmansdorff verlässt den Friedenskongress, der danach in eine Krise gerät
10. Nov.	Die Artikel zur französischen Territorialsatisfaktion werden in ihrer ursprünglichen Form angenommen (November-Artikel)

1648

28. Feb.	Wiederaufnahme der Religionsverhandlungen (mehr und mehr übernimmt die Dritte Partei – kompromissbereite reichsständische Vertreter beider Konfessionen – die Verhandlungen, deren wichtige letzte Phase im Wesentlichen in Osnabrück stattfindet)
23. März	Finale Übereinkunft in den Religionsangelegenheiten
15. Mai	Beschwörung des Friedens von Münster (Spanien und Nördliche Niederlande)
17. Mai	Französisch-schwedischer Erfolg in der Schlacht bei Zusmarshausen/Augsburg (militärische Entwicklung setzt kaiserliche Gesandte unter Druck)
13. Juni	Schwedische Militärsatisfaktion wird auf fünf Millionen Reichstaler festgelegt
6. Aug.	Osnabrücker Handschlag (Abschluss des kaiserlich-schwedischen Friedensvertrags)
24. Okt.	Unterzeichnung des Westfälischen Friedens in Münster (zwei Verträge: 1. Kaiser und Reich mit Schweden, IPO; 2. Kaiser und Reich mit Frankreich, IPM)
25. Okt.	Verkündung des Westfälischen Friedens in Osnabrück

1649

18. Feb. Austausch der Ratifikationsurkunden des Westfälischen Friedens in Münster

7. Mai 1649 bis 20. Juli 1650 Nürnberger Friedensexekutionstag

Juni Vertragsentwürfe für die Friedensexekution

21. Sept. Vorvereinbarung der schwedischen Truppenabdankung (Interims-Rezess)

1650

2. Juli Friedensexekutionsvergleich (Reichsfriedensrezess) von Nürnberg (Kaiser, Reich, Schweden)

1654

17. Mai Jüngster Reichsabschied (Bestätigung des Westfälischen Friedens und der Ergänzungen im Nürnberger Friedensrezess als Reichsrecht)

1659

7. Nov. Pyrenäenfriede (Frankreich und Spanien; Beendigung des in Westfalen nicht gelösten Konflikts, der 1635 begonnen hatte)

Auswahlbibliographie

Für vor 1995 erschienene Forschungsliteratur und Quelleneditionen zum Thema siehe:
Ortlieb, Eva/Matthias Schnettger (Bearb.): Bibliographie zum Westfälischen Frieden, hg. Heinz Duchhardt, Münster 1996.

I. Quelleneditionen

Vereinigung zur Erforschung der neueren Geschichte/Zentrum für Historische Friedensforschung Bonn: Acta Pacis Westphalicae, zahlreiche Bände sind seit 1962 erschienen. Zugänglich sind die bis 2008 erschienenen Bände auch auf «APW-digital»: http://apw.digitale-sammlungen.de (Zuletzt aufgerufen am 15. September 2014).

Leibniz-Institut für Europäische Geschichte Mainz: Europäische Friedensverträge online, http://www.ieg-friedensvertraege.de (Zuletzt aufgerufen am 15. September 2014).

Meiern, Johann Gottfried: Acta Pacis Westphalicae publica, 6 Bde., 1 Registerbd., Hannover 1734–1736.

Schmid, Josef Johannes: Quellen zur Geschichte des Dreißigjährigen Krieges. Zwischen Prager Frieden und Westfälischem Frieden, Darmstadt 2009.

II. Literatur

Arndt, Johannes: Der Dreißigjährige Krieg 1618–1648, Stuttgart 2009.

Asch, Ronald G.: The Thirty Years' War. The Holy Roman Empire and Europe, 1618–1648, London 1997.

Asch, Ronald G./Wulf Eckart Voss/Martin Wrede (Hg.): Frieden und Krieg in der Neuzeit. Die europäische Staatenordnung und die außereuropäische Welt, München 2001.

Augustyn, Wolfgang (Hg.): PAX. Beiträge zu Idee und Darstellung des Friedens, München 2003.

Babel, Rainer: Le diplomate au travail. Entscheidungsprozesse, Information und Kommunikation im Umkreis des Westfälischen Friedensprozesses, München 2005.

Beaulac, Stéphane: The Westphalian Legal Orthodoxy – Myth or Reality, in: Journal of the History of International Law 2 (2000), S. 148–177.

Beiderbeck, Friedrich/Gregor Horstkemper/Winfried Schulze (Hg.): Dimensionen der europäischen Außenpolitik zur Zeit der Wende vom 16. zum 17. Jahrhundert, Berlin 2003.

Bierther, Kathrin: Der Regensburger Reichstag von 1640/41, Kallmünz 1971.

Bosbach, Franz: Verfahrensordnungen und Verhandlungsabläufe auf den Friedenskongressen des 17. Jahrhunderts. Überlegungen zu einer vergleichenden Untersuchung der äußeren Formen frühneuzeitlicher Friedensverhandlungen, in: Kampmann, Christoph u. a. (Hg.): L'art de la paix. Kongresswesen und Friedensstiftung im Zeitalter des Westfälischen Friedens, Münster 2011, S. 93–118.

Braun, Guido (Hg.): Assecuratio Pacis. Französische Konzeptionen von Friedenssicherung und Friedensgarantie 1648–1815, Münster 2011.

Braun, Guido/Arno Strohmeyer (Hg.): Frieden und Friedenssicherung in der Frühen Neuzeit: Das Heilige Römische Reich und Europa (Festschrift für Maximilian Lanzinner zum 65. Geburtstag), Münster 2013.

Brunert, Maria-Elisabeth/Maximilian Lanzinner (Hg.): Diplomatie, Medien, Rezeption. Aus der editorischen Arbeit an den Acta Pacis Westphalicae, Münster 2010.

Burkhardt, Johannes: Der Dreißigjährige Krieg, Frankfurt a. M. 1992.

Burkhardt, Johannes: Die Friedlosigkeit der Frühen Neuzeit. Grundlegung einer Theorie der Bellizität Europas, in: Zeitschrift für historische Forschung 24 (1997), S. 509–574.

Burkhardt, Johannes: Das größte Friedenswerk der Neuzeit. Der Westfälische Frieden in neuer Perspektive, in: Geschichte in Wissenschaft und Unterricht 49 (1998), S. 592–612.

Burkhardt, Johannes/Stephanie Haberer (Hg.): Das Friedensfest: Augsburg und die Entwicklung einer neuzeitlichen europäischen Toleranz-, Friedens- und Festkultur, Berlin 2000.

Burkhardt, Johannes: Friedensschlüsse auf Sächsisch. Pazifizierende Sprachleistungen eines deutschen Landesstaates in der ersten Hälfte der Frühen Neuzeit, in: Duchhardt, Heinz/Martin Espenhorst (Hg.): Frieden übersetzen in der Vormoderne. Translationsleistungen in Diplomatie und Wissenschaft, Göttingen 2012, S. 35–65.

Bußmann, Klaus/Heinz Schilling (Hg.): 1648. Krieg und Frieden in Europa. 2 Textbde., 1 Katalogbd., Münster 1998.

Croxton, Derek/Anuschka Tischer: The Peace of Westphalia. A Historical Dictionary, London 2002.

Croxton, Derek: Westphalia. The last Christian peace, New York 2013.

Dickmann, Fritz: Der Westfälische Frieden, Münster ⁷1998.

Duchhardt, Heinz/Karl Georg Kaster (Hg.): «... zu einem stets währenden Gedächtnis». Die Friedenssäle in Münster und Osnabrück und ihre Gesandtenporträts, Bramsche 1996.

Duchhardt, Heinz (Hg.): Der Westfälische Friede. Diplomatie – politische Zäsur – kulturelles Umfeld – Rezeptionsgeschichte, München 1998.

Duchhardt, Heinz/Patrice Veit (Hg.): Krieg und Frieden im Übergang vom Mittelalter zur Neuzeit. Theorie – Praxis – Bilder, Mainz 2000.

Duchhardt, Heinz: Das «Westfälische System»: Realität und Mythos, in:

Thiessen, Hillard von/Christian Windler (Hg.): Akteure der Außenbeziehungen. Netzwerke und Interkulturalität im historischen Wandel, Köln u. a. 2010, S. 239–401.

Duchhardt, Heinz/Martin Espenhorst (Hg.): Frieden übersetzen in der Vormoderne. Translationsleistungen in Diplomatie und Wissenschaft, Göttingen 2012.

Espenhorst, Martin (Hg.): Frieden durch Sprache? Studien zum kommunikativen Umgang mit Konflikten und Konfliktlösungen, Göttingen 2012.

Espenhorst, Martin (Hg.): Unwissen und Missverständnisse im vormodernen Friedensprozess, Göttingen 2013.

Fuchs, Ralf-Peter: Ein Medium zum Frieden. Die Normaljahrsregel und die Beendigung des Dreißigjährigen Krieges, München 2010.

Gotthard, Axel: Krieg und Frieden in der Vormoderne, in: Kraus, Hans-Christof/Thomas Nicklas (Hg.): Geschichte der Politik. Alte und neue Wege (Historische Zeitschrift Beiheft NF. 44), München 2007, S. 67–94.

Hartmann, Peter C./Florian Schuller (Hg.): Der Dreißigjährige Krieg. Facetten einer folgenreichen Epoche, Regensburg 2010.

Hartmann, Anja Victorine: Von Regensburg nach Hamburg. Die diplomatischen Beziehungen zwischen dem französischen König und dem Kaiser vom Regensburger Vertrag (13. Oktober 1630) bis zum Hamburger Präliminarfrieden (25. Dezember 1641), Münster 1998.

Herz, Andreas/Ball, Gabriele: Friedenssehnsucht und Spracharbeit. Die Fruchtbringende Gesellschaft 1637–1638, in: Mitteilungen des Vereins für Anhaltinische Landeskunde 17 (2008), S. 47–84.

Kampmann, Christoph: Der ehrenvolle Friede als Friedenshindernis. Alte Fragen und neue Ergebnisse zur Mächtepolitik im Dreißigjährigen Krieg, in: Schmidt-Voges, Inken u. a. (Hg.): Pax perpetua. Neuere Forschungen zum Frieden in der Frühen Neuzeit, München 2010, S. 141–156.

Kampmann, Christoph/Maximilian Lanzinner/Guido Braun/Michael Rohrschneider (Hg.): L'art de la paix. Kongresswesen und Friedensstiftung im Zeitalter des Westfälischen Friedens, Münster 2011.

Kampmann, Christoph: Europa und das Reich im Dreißigjährigen Krieg. Geschichte eines europäischen Konflikts, Stuttgart ²2013.

Kretschmar, Johannes: Der Heilbronner Bund 1632–1635, 3 Bde., Lübeck 1992.

Kugeler, Heidrun/Christian Sepp/Georg Wolf (Hg.): Internationale Beziehungen in der Frühen Neuzeit. Ansätze und Perspektiven, Hamburg 2006.

Lanzinner, Maximilian: Neuere Forschungen zum Westfälischen Friedenskongress und die Acta Pacis Westphalicae, in: Historisches Jahrbuch 133 (2013), S. 426–462.

Moormann van Kappen, Olaf/Dieter Wyduckel (Hg.): Der Westfälische Frieden in rechts- und staatstheoretischer Perspektive, Berlin 1999.

Müller, Andreas: Der Regensburger Reichstag von 1653/54. Eine Studie zur

Entwicklung des Alten Reiches nach dem Westfälischen Frieden, Frankfurt a. M. 1992.

Müller, Frank: Kursachsen und der Böhmische Aufstand 1618–1622, Münster 1996.

Oschmann, Antje: Der Nürnberger Exekutionstag 1649–1650. Das Ende des Dreißigjährigen Krieges in Deutschland, Münster 1991.

Parker, Geoffrey: Der Dreißigjährige Krieg, Frankfurt a. M./New York 1991.

Press, Volker: Kriege und Krisen. Deutschland 1600–1715, München 1991.

Pütter, Johann Stephan: Geist des Westphälischen Friedens nach dem innern Gehalte und wahren Zusammenhange der darin verhandelten Gegenstände historisch und systematisch dargestellt, ND der Ausgabe Göttingen 1795, eingeleitet und hg. von Arno Buschmann, Hildesheim u. a. 2010.

Repgen, Konrad: Dreißigjähriger Krieg und Westfälischer Friede. Studien und Quellen, hg. von Franz Bosbach/Christoph Kampmann, Paderborn u. a. 1998.

Repgen, Konrad: Die Hauptprobleme der Westfälischen Friedensverhandlungen von 1648 und ihre Lösungen, in: Zeitschrift für bayerische Landesgeschichte 62 (1999), S. 399–438.

Rohrschneider, Michael: Der gescheiterte Frieden von Münster. Spaniens Ringen mit Frankreich auf dem Westfälischen Friedenskongress (1643–1649), Münster 2007.

Schilling, Heinz: Konfessionalisierung und Staatsinteressen. Internationale Beziehungen 1559–1660, Paderborn u. a. 2007.

Schmidt, Georg: Der Dreißigjährige Krieg, München [8]2010.

Schmidt-Voges, Inken/Siegrid Westphal /Volker Arnke /Tobias Bartke (Hg.): Pax perpetua. Neuere Forschungen zum Frieden in der Frühen Neuzeit, München 2010.

Schormann, Gerhard: Der Dreißigjährige Krieg 1618–1648, Stuttgart [10]2001.

Schorn-Schütte, Luise: Konfessionskriege und europäische Expansion. Europa 1500–1648, München 2010.

Schroder, Meinhard (Hg.): 350 Jahre Westfälischer Friede. Verfassungsgeschichte, Staatskirchenrecht, Völkerrechtsgeschichte, Berlin 1999.

Steiger, Heinhard: Der Westfälische Friede – Grundgesetz für Europa?, in: Duchhardt, Heinz (Hg.): Der Westfälische Friede. Diplomatie – politische Zäsur – kulturelles Umfeld – Rezeptionsgeschichte, München 1998, S. 33–80.

Steiger, Heinhard: Friedensschluß und Amnestie in den Verträgen von Münster und Osnabrück, in: Duchhardt, Heinz/Patrice Veit (Hg.): Krieg und Frieden im Übergang vom Mittelalter zur Neuzeit. Theorie – Praxis – Bilder, Mainz 2000, S. 207–245.

Steiger, Heinhard: Kein politischer Frieden ohne Religionsfrieden, kein Religionsfrieden ohne Rechtsfrieden. Das Modell des Westfälischen Friedens, in: Reuter, Hans-Richard (Hg.): Frieden – Einsichten für das 21. Jahrhundert, Berlin u. a. 2009, S. 43–83.

Steinwascher, Gerd: Osnabrück und der Westfälische Frieden. Die Geschichte der Verhandlungsstadt 1641–1650, Osnabrück 2000.

Teschke, Benno: Mythos 1648. Klassen, Geopolitik und die Entstehung des europäischen Staatensystems, Münster 2007.

Tischer, Anuschka: Vom Kriegsgrund hin zum Friedensschluß. Der Einfluß unterschiedlicher Faktoren auf die Formulierung von Friedensverträgen am Beispiel des Westfälischen Friedens, in: Duchhardt, Heinz/Martin Peters (Hg.): Kalkül – Transfer – Symbol. Europäische Friedensverträge der Vormoderne, Mainz 2. November 2006 (Veröffentlichungen des Instituts für Europäische Geschichte Mainz, Beiheft online 1), Abschnitt 99–108, http://www.ieg-mainz.de/vieg-online-beihefte/01–2006.html, URN: urn: nbn:de:0159–2008031300 (Zuletzt aufgerufen am 4. Januar 2014).

Villaverde, Fernando (Hg.): 350 años de la Paz de Westfalia. Del antagonismo a la integración en Europa, Madrid 1999.

Wilson, Peter H.: Europe's Tragedy. A History of the Thirty Years' War, London 2011.

Wolfrum, Edgar: Krieg und Frieden in der Neuzeit. Vom Westfälischen Frieden bis zum Zweiten Weltkrieg, Darmstadt 2003.

Personenregister

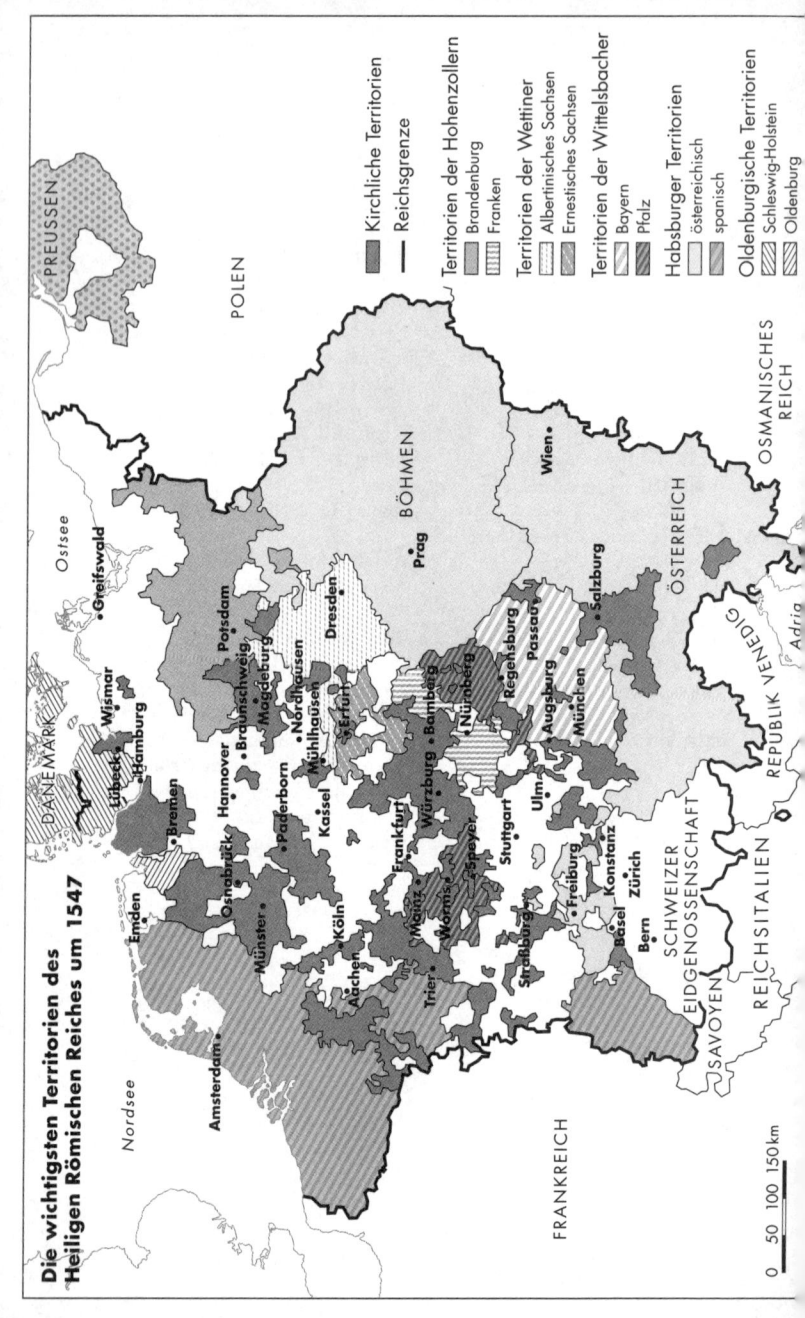

Die wichtigsten Territorien des Heiligen Römischen Reiches um 1547

Kirchliche Territorien

- Kirchliche Territorien
- Reichsgrenze

Territorien der Hohenzollern
- Brandenburg
- Franken

Territorien der Weltiner
- Albertinisches Sachsen
- Ernestinisches Sachsen

Territorien der Wittelsbacher
- Bayern
- Pfalz

Habsburger Territorien
- österreichisch
- spanisch

Oldenburgische Territorien
- Schleswig-Holstein
- Oldenburg

PREUSSEN

POLEN

BÖHMEN

Prag

Wien

ÖSTERREICH

OSMANISCHES REICH

DÄNEMARK

Ostsee

Greifswald

Wismar

Lübeck

Hamburg

Bremen

Potsdam

Braunschweig

Magdeburg

Nordhausen

Dresden

Hannover

Mühlhausen

Erfurt

Paderborn

Kassel

Osnabrück

Münster

Frankfurt

Würzburg

Bamberg

Nürnberg

Regensburg

Passau

Salzburg

Augsburg

München

Emden

Köln

Aachen

Mainz

Worms

Trier

Speyer

Stuttgart

Ulm

Freiburg

Konstanz

Straßburg

Basel

Zürich

Bern

Amsterdam

Nordsee

SCHWEIZER EIDGENOSSENSCHAFT

REICHSITALIEN

SAVOYEN

FRANKREICH

REPUBLIK VENEDIG

Adria

0 50 100 150 km